Emilio
ou la petite leçon de littérature

Chris Donner

Emilio

ou la petite leçon de littérature

Neuf
l'école des loisirs
11, rue de Sèvres, Paris 6e

Du même auteur à *l'école des loisirs*

Collection Neuf

African Prince
La disparition d'une maîtresse
L'histoire avec ma cousine
Je suis le chef de la révolution
Les lettres de mon petit frère
Mon dernier livre pour enfants
Le trésor de Moctezuma
Voilà comment j'ai fait fortune

Loi n° 49.956 du 16 juillet 1949 sur les publications
destinées à la jeunesse : septembre 1994
Dépôt légal : mars 2008
Imprimé en France par Bussière
à Saint-Amand-Montrond
N° d'impr. : 080568/1

ISBN 978-2-211-09190-9

À Millaray

Anaïs adore les secrets, c'est à cause de son père qui est ambassadeur : il a été ambassadeur un peu partout dans le monde, mais il s'est surtout fait connaître grâce aux îles Rademaker, en Amérique du Sud. Ça devait être un poste de tout repos, mais au bout de trois mois à peine, à cause d'Anaïs et de son amour des secrets, il y avait eu un incident diplomatique tellement grave que pour éviter la guerre entre les Russes et les Américains, la famille de La Houlette avait dû quitter le pays en vitesse.

Le père d'Anaïs, Georges Alexandre de La Houlette, est un ami de mon père depuis toujours et de retour à Paris il a tout de suite voulu lui expliquer l'affaire dans le détail.

Nous avons donc été invités dans l'hôtel particulier de la famille de La Houlette, un endroit super dans le cinquième arrondissement, on n'y croit pas tellement c'est beau, grand, calme, il y a des arbres, on entend les oiseaux, ils n'osent pas dire qu'ils ont un parc, ils disent «le jardin», mais en vérité c'est un parc, et tout au fond du parc il y a une petite maison, un peu cachée derrière les arbres, une maison d'un étage avec un toit, une cheminée, et c'est la maison d'Anaïs. Elle a sa chambre, son bureau, elle a une salle de bains pour elle toute seule. Un rêve.

Avant moi, Anaïs n'avait jamais permis à quelqu'un d'entrer chez elle, aucune copine, aucun copain de sa classe, car elle avait peur d'éveiller les jalousies.

Je me souviens que la première fois, le père d'Anaïs était venu me parler solennellement pour me demander la plus grande discrétion sur les conditions de vie d'Anaïs. «Le secret absolu», avait-il dit.

J'avais juré. À l'époque je ne savais pas que j'écrirais des livres.

On faisait toujours des repas délicieux chez les de La Houlette, des spécialités thaïlandaises, suédoises, des zakouskis russes, des petites purées libanaises. Ils ouvraient les meilleures bouteilles du monde et ils en parlaient pendant des heures. Romuald, le domestique, m'appelait «monsieur Henri», j'avais failli éclater de rire la première fois, mais après je m'étais bien habitué.

M. de La Houlette avait plein d'histoires croustillantes à raconter puisqu'il avait été ambassadeur un peu partout dans le monde, mais la plus croustillante de toutes, évidemment, c'était l'histoire des îles Rademaker.

Je résume :

À peine arrivée aux îles Rademaker, Anaïs était tombée amoureuse d'un garçon de son école, très mystérieux, et qui, en réalité, était le fils caché du dictateur local, un certain Salondas, gros moustachu sanguinaire qui avait son portrait partout dans la ville. Le garçon mystérieux s'appelait Emilio, il avait les yeux verts, il se cachait toujours derrière un album d'Astérix en espagnol, il adorait donc la France, il adorait aussi Anaïs, mais il n'avait pas le droit de fréquenter des étrangers, ni personne d'ailleurs, il était tenu par son terrible secret d'être le fils illégitime du dictateur, et malgré son amour il avait dû repousser Anaïs.

Mais l'amour est plus fort que tout, même sur les îles Rademaker.

Anaïs s'était cachée dans le coffre de la limousine présidentielle… une histoire rocambolesque qui s'était terminée au bord de la piscine du palais, sur les genoux du dictateur. En fait, Salondas n'était pas si méchant que ça, mais les parents d'Anaïs avait fait rechercher leur fille par la police militaire américaine et tout ça avait créé un incident diplomatique de première gravité qui avait poussé la famille de La Houlette à quitter les îles au plus vite.

En entendant cette histoire croustillante, mon père avait eu l'idée d'en faire un livre. Un livre pour enfants, avait-il pensé. Il avait demandé l'autorisation à son ami Georges Alexandre, à Mme de La Houlette, puis à Anaïs, et tous, *a priori*, avaient trouvé ça plutôt amusant.

– Mais il vaudrait mieux ne pas dire les noms, avait dit M. de La Houlette, un petit peu inquiet quand même.

Mon père avait donc changé les noms et il avait appelé son livre *Le secret d'État aux yeux verts*.

Ce qui avait fait le succès du livre, à mon avis, c'était cette scène très émouvante, là, sur la piste d'atterrissage de l'aéroport de Rademaker, quand Emilio et Anaïs s'étaient juré un amour éternel, à l'épreuve du temps et de séparation des continents.

Très vite, Anaïs était devenue folle de ce livre, elle le lisait tous les soirs (ce n'était pas un livre très long), elle en connaissait des passages entiers qu'elle récitait par cœur. Ce livre la faisait rire, pleurer, chanter, il occupait sa vie. Dès qu'il lui arrivait quelque chose elle disait: «Ah oui! Ça me fait penser au *Secret d'État aux yeux verts.*» Au bout d'un moment, elle ne savait plus si cette histoire avait été réellement vécue par elle ou seulement écrite par mon père, elle mélangeait tout, se prenant pour un personnage, une héroïne, une star, elle attendait qu'on fasse un film avec ce livre et qu'on la prenne pour jouer son propre rôle.

Le plus grave, c'est qu'après chaque lecture de ce livre elle sentait grandir son amour pour Emilio. «C'est de plus en plus fort», disait-elle à ses copines. Elle en était portée à ce point d'exaspération où tout lui faisait penser à lui: il suffisait qu'un professeur nous parle de l'Amérique du Sud et Anaïs en était bouleversée, les seuls mots de dictature, d'aéroport, ou d'océan Pacifique la faisaient immédiatement fondre en larmes.

Les types qui lui faisaient la cour étaient tout de suite comparés à Emilio et bien sûr tous ces Français au teint pâle, n'ayant pas les yeux verts et aucun secret d'État à leur actif, ils ne faisaient pas le poids.

Quant à moi, après cette affaire de crise d'asthme que je vais vous raconter, j'avais renoncé à toute prétention.

C'était un soir, alors que nous étions une nouvelle fois invités à dîner chez les de La Houlette, au moment où nos parents prenaient le xérès, apéritif rapporté des îles Rademaker, j'ai décidé de faire une crise d'asthme, là, dans la petite maison d'Anaïs, au fond du parc, dans le but de l'attendrir et de la séduire.

Depuis mon retour d'Afrique je suis sujet aux crises d'asthme, c'est horrible, ma gorge se resserre, j'ai l'impression qu'il n'y a plus d'air, mes yeux gonflent, deviennent rouges, je crois que je vais mourir et tout le monde autour de moi est complètement affolé car c'est une maladie qui peut être mortelle. Dans mon cas c'est assez facile à déclencher car je suis allergique à la moisissure, il me suffit donc d'enfermer un chiffon humide dans du plastique pendant deux ou trois jours et après j'ouvre ça, je respire par le nez et c'est parti.

Discrètement, juste avant d'entrer dans le salon d'Anaïs, j'ai plongé la tête dans le sac en plastique, et immédiatement je me suis mis à éternuer, puis à étouffer comme un vrai malade. Seulement voilà, Anaïs ne s'est pas affolée, elle est sortie de sa petite maison bien tranquillement, elle a traversé le parc, et elle est allée directement trouver mes parents en disant :

– Je crois que votre fils Henri essaie de se rendre intéressant avec sa maladie respiratoire.

Ma mère s'est mise à chercher partout mon flacon de Ventoline que j'avais fait exprès de ne pas emporter pour que la crise soit plus grave et qu'Anaïs soit impressionnée par l'arrivée de l'ambulance. Il n'y a pas eu d'ambulance : on est rentrés à la maison avec notre voiture, et Anaïs n'est même pas restée sur le bord du trottoir pour me voir partir.

Quand une fille fait preuve d'une telle indifférence à l'égard du malheur des autres, c'est qu'elle est fondamentalement égoïste, ou alors très amoureuse.

Anaïs était très amoureuse : Emilio avait pris toute sa vie, ses rêves, ses projets, il occupait désormais son esprit du matin au soir, il la possédait. J'en avais parlé à mon père qui s'était montré ravi de cet état de choses, y voyant une preuve supplémentaire de son talent : « Si mes livres peuvent influer à ce point sur la vie, disait-il, c'est qu'ils sont forts. »

Déjà, à la sortie du livre, il s'était imaginé à l'aube d'une grande carrière littéraire. En fait, ç'avait surtout été le début de ses ennuis, car après ce succès il s'était mis à écrire des livres sur tout le monde, sur moi, sur Denise, ma voisine d'immeuble qui allait devenir ma fiancée, il avait fait aussi un livre sur sa nouvelle voiture, sur son boulot au musée du Louvre, et je ne sais plus quoi d'autre, mais en quelques livres il avait réussi à se mettre pas mal de gens à dos, d'abord les parents de Denise, nos voisins, puis certaines maîtresses d'école qui croyaient se reconnaître, et pour couronner le tout : ma mère.

Ma mère n'aimait pas que mon père déballe toute notre intimité, elle employait le mot déballer, déballage, qu'elle prononçait comme si c'était du vomi. Elle voulait que mon père *invente* des histoires et ne raconte pas des trucs vrais, elle voulait qu'il crée des personnages et non pas qu'il se serve de sa famille comme d'une réserve de cobayes, c'est ce qu'elle disait : une réserve de cobayes. « Ce n'est pas pour t'empêcher d'écrire, disait-elle, c'est pour que tu écrives autre chose. »

Malheureusement, les écrivains sont des gens qui ne peuvent écrire qu'une seule chose : celle qu'ils ont envie. Il ne faut surtout pas forcer un écrivain, sinon il devient fou, très malheureux, ou complètement idiot, en tous les cas il n'écrit plus, il n'a plus envie, il s'arrête. Et c'est exactement ce qui était arrivé à mon père : maman avait réussi à l'écœurer. Il avait posé sa plume et il avait dit :

– Puisque c'est ça, j'arrête.

Et en effet, mon père avait arrêté, après quelques livres d'art sans intérêt, il avait obtenu un poste de conseiller en littérature auprès du président de la République, grâce à Georges Alexandre de La Houlette, j'imagine, et plus rien, plus une ligne, le désert total.

C'est alors que j'ai décidé de prendre la relève. Je me suis dit : « Je vais les écrire moi-même, ces livres pour enfants, ça sera des histoires vraies, avec des personnages vivants, et je ne me gênerai pas pour dire leur nom, car il n'y a qu'une chose qui m'intéresse : la vérité, et pour elle je suis prêt à tout. »

C'est comme ça que j'ai écrit *African Prince*. Je suis parti en Afrique, j'ai vu des paysages, des gens, j'ai frôlé la mort, j'ai fait preuve de courage, et quand je suis rentré, quand je me suis retrouvé devant ma feuille blanche, c'était facile, je n'avais qu'à raconter. « Le bonheur d'écrire c'est la récompense à mon courage de vivre », me suis-je dit en fermant les yeux.

Ce matin-là, comme tous les matins, Romuald, le domestique des de La Houlette, est venu apporter le petit déjeuner à Mlle Anaïs. Été comme hiver, Romuald accomplit ce rite, il traverse le parc avec un large plateau recouvert d'une cloche en argent, il entre dans la petite maison, pose le petit déjeuner sur la table basse, en face de la télé, ouvre les rideaux, et appelle Anaïs par l'escalier qui mène à sa chambre.

– Mademoiselle est servie, dit-il. Mademoiselle a reçu du courrier.

Anaïs a l'habitude de recevoir des lettres des quatre coins du monde, elle a des copains partout, des fils d'ambassadeurs, de ministres, et tous amoureux d'elle. Elle avait commencé une collection de timbres avant de rencontrer Emilio.

Elle est donc descendue comme chaque matin, un peu hautaine, désabusée, comme la fille qui va encore être demandée en mariage pour la énième fois.

Mais cette fois-ci, sur la table basse, ce n'était pas une lettre comme les autres que Romuald venait de déposer, c'était une très très longue lettre, au moins une cinquantaine de pages. Heureusement qu'on les avait ficelées car l'enveloppe était déjà salement déchirée sur les bords.

Anaïs s'est approchée, et tout en s'approchant elle a pu lire le nom, d'abord le sien, en gros, et puis en haut à gauche le nom de l'expéditeur, et quand elle a vu ce nom, immédiatement, elle s'est mise à frissonner : Emilio. Ça l'a paralysée.

Expedidor : Emilio Perez
Aeropuerto de Rademaker.
Campo 3 segundo camino después de la fuente provisional
Tienda azul y verde.
Islas de Rademaker.
America del Sur.

Anaïs ne s'est pas jetée sur le paquet, elle n'a pas déchiré l'enveloppe avec ses ongles, ni arraché la ficelle avec ses dents comme on aurait pu le croire, elle est restée là, le souffle coupé. L'image d'Emilio est subitement revenue à sa mémoire, mais une image beaucoup plus réelle, présente, et alors elle s'est sentie sale, dépeignée, elle s'est vue dans cette chemise de nuit fripée, ces chaussons ridicules à tête de Mickey, vraiment la fille pas présentable, a-t-elle pensé, indigne de rester là, en présence de cette lettre qu'elle avait attendue, espérée de toute son âme depuis des mois, depuis l'âge de onze ans et demi, plus de deux ans, et maintenant cette enveloppe était là, elle portait son écriture à lui, elle avait été touchée par ses mains à lui, léchée par sa langue à lui, et j'en passe, on aurait dit qu'il était là, à la regarder, et alors elle a eu honte, elle, Anaïs de La Houlette, elle s'est caché le visage dans les mains, elle a foncé dans l'escalier en colimaçon et elle a traversé sa chambre, entraînée par ce mouvement de tornade, comme une petite danseuse de ballet, une toupie ensorcelée, jusqu'à la salle de bains.

– Emilio, murmurait-elle, Emilio.

Elle n'arrivait pas à y croire. Elle résonnait de ce mot : Emilio, qui frappait ses tympans, électrisait sa peau, ses cheveux.

« Il faut que je prenne une douche », se dit-elle.

Elle est restée longtemps sous l'eau brûlante, et en sortant de là elle s'est parfumée, peignée, elle a enfilé la robe la plus chic de son armoire, c'est-à-dire la blanche, ultralongue, avec des collerettes en dentelles et des volants, cette robe qu'elle avait portée pour la remise de la Légion d'honneur à son parrain, le ministre du Plan.

Elle était belle, vraiment. Mais en se regardant dans la glace elle s'est souvenue de cette cérémonie idiote et ennuyeuse dans cette grande salle du palais de l'Élysée, tous ces types à la chaîne auxquels on accrochait des médailles, et puis la promenade dans les jardins avec l'interdiction de cueillir les tulipes, elle s'est souvenue de tous ces enfants, ces fils et filles de médaillés, tous fiers de leurs parents à un point de niaiserie inimaginable, et tout à coup sa robe magnifique est devenue hideuse de prétention, de vanité, elle l'a retirée sans même prendre soin de la ranger dans l'armoire, au contraire, elle l'a jetée par terre, exprès, parce qu'elle avait décidé qu'à présent c'en était fini de jouer les poupées, les gentilles petites filles de grands personnages. «Ras-le-bol!» a-t-elle pensé.

Anaïs s'est mise à essayer d'autres habits, et finalement, après avoir presque entièrement vidé son armoire, elle a trouvé cette robe légère, avec des motifs de cocotiers et d'ananas, cette robe n'était pas du tout de saison, elle était même démodée, presque de mauvais goût, mais ça lui rappelait les îles Rademaker comme une folle et elle l'a enfilée en deux temps trois mouvements.

Devant la glace, elle s'est trouvée tropicale, merveilleuse. Elle a serré ses cheveux en couettes, non pas parce qu'à l'époque où elle vivait aux îles Rademaker elle portait des couettes, mais parce que dans le livre écrit par mon père, les illustrations la représentaient avec des couettes. Je peux d'ailleurs témoigner qu'en découvrant le livre, Anaïs n'avait pas été très contente des illustrations, elle avait envoyé un mot au dessinateur:

«Je n'ai jamais porté de couettes», lui avait-elle écrit. Mais petit à petit, à force de lire et relire le bouquin, elle s'était faite à cette idée de couettes, elle les avait aimées, et dès lors quand elle repensait aux îles Rademaker elle ne pouvait plus se voir autrement qu'avec des couettes.

Après avoir attaché ses cheveux et enfilé sa robe à motifs tropicaux, Anaïs est redescendue par l'escalier, toute fringante, le cœur battant, les couettes sautillantes et parfumée au gardénia.

Elle est allée s'asseoir devant son petit déjeuner, là, à quelques centimètres de la volumineuse lettre d'Emilio, et ce matin-là, elle n'a pas allumé la télé pour regarder cette émission à moitié idiote qui s'appelle *Matin-bonheur*, non, elle n'avait vraiment pas besoin de ça.

Soigneusement, avec ses ongles, elle a défait les nœuds, elle a ouvert l'enveloppe comme on démaillote un petit enfant, et elle a découvert l'écriture de son amoureux.

«La plus belle écriture du monde», a-t-elle pensé.

Elle n'osait pas lire, elle regardait seulement les mots, ses mots à lui, dans cette langue espagnole qu'elle adore, ces points d'interrogation à l'envers, ces petits nuages sur les «ñ»:

¿Cómo está señorita?

Et elle s'est arrêtée là. Elle n'a même pas essayé de lire plus loin car elle a immédiatement compris qu'elle serait incapable de la lire comme ça, en espagnol, elle allait se torturer les méninges, devoir prendre et reprendre cent fois son dictionnaire, alors que la lecture de cette lettre se devait d'être un simple régal glissant dans le bonheur parfait de l'amour retrouvé.

Et puis elle n'avait pas le temps: l'heure des cours approchait et Anaïs déteste arriver en retard et se faire réprimander par les professeurs, elle se veut irréprochable, c'est le genre qu'elle se donne. Elle a donc mis l'énorme enveloppe d'Emilio dans son cartable et elle s'est rendue au lycée, avec déjà sa petite idée derrière la tête.

On sait qu'Anaïs n'a jamais été amoureuse de moi, mais là, en arrivant dans la cour avec sa robe à motifs tropicaux, elle s'est jetée sur moi avec un tel appétit que je me suis dit: «Ça y est, elle me veut du bien, elle a rêvé de mon corps ou quelque chose…»

– Viens, a-t-elle dit en me prenant le bras, viens tout de suite, il faut que je te parle.

Elle m'a entraîné directement sous le préau, derrière un de ces piliers de pierre usés par le temps, par le passage de tous les collégiens depuis deux siècles, et aussi les frottements de ceux qui viennent là, les filles avec les garçons, pour s'embrasser à l'abri des regards.

Mais elle ne m'a pas embrassé, elle a tout de suite sorti l'enveloppe de son cartable pour me la montrer.

– Regarde, Henri, c'est la plus belle chose qui me soit arrivée dans ma vie, la plus belle!

Elle me tenait le bras, se serrait contre moi pour me raconter l'histoire, Romuald, l'enveloppe posée sur la table basse, et comment elle avait failli pleurer, comment elle avait collé l'enveloppe contre sa joue, puis contre ses lèvres, contre son ventre, ses seins, partout, elle s'accrochait à moi de plus en plus près, je sentais sur mon oreille son souffle brûlant et doux, ce chuchotement exalté qui me donnait envie de l'embrasser. Car malgré tout l'amour que je porte à Denise, ma voisine d'immeuble, malgré la fidélité qu'on s'est jurée, je dois dire que j'aurais bien embrassé Anaïs sur la joue, ou sur le front, ou sur son petit nez, n'importe où, je n'avais qu'à avancer un peu les lèvres.

Mais je ne l'ai pas fait.

Il faut dire que j'ai toujours été passionné par l'histoire d'Anaïs avec Emilio, les îles Rademaker, tout ça, c'est peut-être le livre de mon père que j'ai toujours le plus adoré, je lui ai souvent demandé la suite, alors maintenant que l'histoire était là, en train de se faire sous mes yeux, il n'était pas question que je la laisse échapper, pas question de compromettre mes chances de suivre cette nouvelle aventure jusqu'au bout, et peut-être de l'écrire un jour. Je ne devais pas l'embrasser, cela l'aurait fait fuir immédiatement, et tout le rêve aurait disparu comme une bulle de savon, elle m'aurait giflé, traité de goujat, et je n'aurais alors rien pu écrire d'autre qu'un pauvre poème dépité, lu par personne. Or, je savais, je devinais que cette lettre contenait des choses fabuleuses, des récits comme j'aurais été incapable d'en inventer, ni mon père, ni personne, je voulais savoir si le secret d'État tenait toujours, si Emilio vivait toujours dans la clandestinité, si le dictateur Salondas avait toujours sa piscine pleine de piranhas. Pendant qu'Anaïs me faisait part de ses émotions, je priais intérieurement pour qu'elle me montre cette lettre, qu'elle me la fasse lire, ou au moins qu'elle me dise ce qu'il y avait dedans.

Je sentais son souffle sur mon oreille, c'était délicieux, et en même temps un vrai supplice à cause de ce parfum envoûtant, et cette robe aussi, un peu trop légère, qui laissait voir ses genoux qui sont à mon avis, tant pis pour Denise, les plus beaux genoux de tout notre lycée. « Raconte, hurlais-je en moi-même, raconte ! » Mais je ne disais rien pour ne pas la brusquer.

Elle s'est mise à me parler d'Emilio en détail, ses yeux verts, son petit air triste, ce que c'était agaçant ! Encore un peu et je n'allais plus tenir, j'allais la serrer dans mes bras, tant pis, et l'embrasser sur la joue de toutes mes forces.

C'est alors qu'elle m'a tendu l'enveloppe.

– Il faut que tu m'aides, Henri. Je suis incapable de la lire, jamais je n'arriverai à traduire tout ça.

– Je croyais que tu parlais couramment espagnol, Anaïs.

– Non.

En fait, à son retour des îles Rademaker, Anaïs n'avait pas voulu faire comme tout le monde : prendre l'espagnol en seconde langue, elle estimait en savoir assez et elle voulait maintenant s'ouvrir à des horizons plus vastes et plus lointains, comme elle disait. Elle s'était donc inscrite en chinois.

Au bout d'un an et demi, elle ne parlait pas du tout le chinois, elle était incapable d'aligner une phrase, mais ce qui lui plaisait c'était de se promener devant l'école avec son livre de chinois, c'était sa façon à elle de s'ouvrir des horizons.

Malheureusement, elle avait perdu tout son espagnol.

– Et ton père, ai-je dit, il parle bien espagnol, pourquoi tu ne lui demandes pas ?

– Mon père ?... Ha, mais tu plaisantes ! Comment veux-tu que j'aie confiance en lui ? c'est un diplomate, les diplomates sont des types qui passent leur temps à essayer d'arranger les choses de la meilleure façon possible afin de ne blesser personne, c'est leur métier. Depuis notre retour mon père n'a pas cessé de me cacher la vérité. Savais-tu par exemple qu'il y avait eu un tremblement de terre, là-bas, sur les îles Rademaker ?

– Bien sûr. Tout le monde le sait.

– Eh bien pas moi ! Ça fait trois semaines que mon père m'empêche de regarder la télé, ou de lire les journaux. Je ne comprenais pas pourquoi il voulait sans arrêt qu'on aille au théâtre, au cinéma, pourquoi il m'offrait toutes ces revues d'art... Maintenant ça y est, tout est clair : il devait penser qu'Emilio était mort dans ce tremblement de terre et qu'il fallait protéger sa petite Anaïs le plus longtemps possible de ce terrible chagrin. Eh bien non ! Il n'est pas mort ! Mon père aurait certainement préféré que j'oublie Emilio, que j'efface de ma mémoire toute cette histoire des îles Rademaker, car il pense que c'est un amour impossible. Je sais qu'il fera tout pour m'éloigner de lui.

– Je crois que tu fais un peu de paranoïa, Anaïs. Si ce que tu dis était vrai, ton père aurait fait disparaître la lettre.

– Tu ne connais rien à la diplomatie, mon pauvre Henri. Il y a chez ces gens-là des lois inviolables : le courrier par exemple. Depuis les Égyptiens, les Grecs, etc., le courrier est une chose sacrée. Est-ce que tu as déjà entendu parler de la valise diplomatique ?

– Oui, merci.

– Mais est-ce que tu sais ce que c'est ?... Non. Contrairement à ce que tu crois, ce ne sont pas des valises fermées à double tour, ce sont des lettres absolument normales, le terme « valise diplomatique » signifie simplement que c'est in-tou-cha-ble. Tu n'imagines pas la quantité de secrets qui passent chaque jour par les valises diplomatiques.

– D'accord, Anaïs, je veux bien admettre que tu t'y connais mieux que moi sur la question, mais je tiens à te prévenir d'une chose : j'ai déjà une amie que tu connais très bien, qui s'appelle Denise et qui me traite d'imbécile à longueur de journée, qui me parle sur un ton supérieur que je supporte uniquement parce que je sais qu'elle a un complexe d'infériorité à cause de ses parents écologistes qui ne veulent pas s'acheter de voiture, mais toi, Anaïs, c'est autre chose, tu n'as aucun complexe de cet ordre, aucune circonstance atténuante, psychologiquement, alors si tu veux que je t'aide, si tu veux par exemple que je traduise ta lettre, je te conseille vivement de me parler sur un autre ton. D'accord ?

– Je suis confuse, Henri, je te prie de bien vouloir m'excuser.

Elle gardait les yeux baissés, tenant l'enveloppe d'Emilio à la main, sans oser me la donner, mais implorant de tout son être silencieux et humble le geste de moi qui allait la sauver. Je lui ai pris l'enveloppe des mains, délicatement, je l'aurais bien embrassée, là encore, maintenant que j'avais la lettre je ne risquais plus rien, juste poser mes lèvres sur son front baissé, mais elle s'est relevée juste à ce moment-là et, soudainement revigorée, elle a dit :

– Il me faudrait ça pour demain midi. Tu as intérêt à t'y mettre *illico presto*, mon vieux.

C'est alors qu'elle s'est dressée sur la pointe des pieds et qu'elle m'a donné un baiser sur la joue, juste avant de s'enfuir, toute légère, vers son cours de chinois.

Je suis resté là un peu bête, le dos appuyé au pilier du préau, l'enveloppe à la main.

J'ai tout de suite ouvert l'enveloppe. C'était une lettre incroyablement longue, au moins trente pages écrit serré, et quand j'ai vu toutes ces feuilles, quand j'ai lu la première phrase en espagnol, j'ai tout de suite compris que je n'allais pas être déçu. J'ai refermé l'enveloppe que j'ai soigneusement placée dans mon cartable et je suis sorti de derrière le pilier du préau. C'est alors que j'ai eu une assez désagréable surprise, car toute ma classe était là, en train de me regarder.

Ils avaient cet air goguenard que les gens ont lorsqu'ils s'imaginent avoir découvert un secret, et surtout un secret d'ordre sentimental.

Ils savaient tous qu'Anaïs de La Houlette était la fille impossible à séduire, « la fille coincée par excellence », disaient-ils, or depuis cinq minutes ils nous voyaient faire nos messes basses, échanger des lettres, se serrer l'un contre l'autre, et quand elle m'a finalement posé son baiser sur la joue, ils en ont évidemment déduit que je venais de réussir l'exploit : « tomber » Anaïs, comme on dit.

Certains sont venus me féliciter :

– Ça y est, ont-ils dit, elle s'est enfin déballonnée ! Bravo, mon vieux, elle commençait à nous brouter les glandes avec son rastaquouère des îles Rademaker.

Sur le coup, je n'ai pas cherché à effacer le malentendu, au contraire, j'en ai profité quelques secondes, je me suis senti irrésistible, mais bientôt, comme une aiguille pour me dégonfler, la voix de Denise est arrivée.

– Tu es vraiment le type le plus ignoble que j'aie jamais connu, a commencé Denise.

– Attends, je vais t'expliquer.

Mais elle n'a rien voulu entendre, elle a dit que tout était définitivement rompu entre nous et que c'était tant mieux car elle en avait assez de se trimballer avec moi, je l'avais déçue sur toute la ligne depuis trop longtemps et maintenant elle se sentait très bien, « libérée », a-t-elle dit en poussant un grand soupir, un énorme soupir qu'elle aurait voulu de soulagement mais qui, en réalité, était un soupir de désespoir.

Je l'ai rattrapée par la manche au moment où

elle allait partir, mais elle s'est retournée brusquement et m'a giflé. Alors j'ai préféré ne pas insister, je n'aime pas beaucoup recevoir des gifles, et j'ai pensé qu'en effet si elle n'était pas capable de m'écouter deux minutes, je n'avais plus rien à faire avec elle.

J'ai décidé de sécher mon cours de maths, j'en avais assez de ce lycée et de ce climat d'espionnage permanent où l'on ne peut même plus recevoir un baiser sur la joue sans passer pour un salaud, ou pour un grand séducteur. Je suis rentré directement à la maison.

«J'ai une crise d'asthme», ai-je dit à ma mère en traversant le couloir.

Je suis entré dans ma chambre, j'ai quitté mes chaussures, mon blouson, je me suis installé à mon bureau avec le dictionnaire d'espagnol, la grammaire d'espagnol, et je me suis mis à traduire la lettre d'Emilio.

Je ne sais pas encore comment je vais réussir à te faire parvenir cette lettre, disait Emilio, mais j'y arriverai, il le faut, je veux que tu saches tout ce qui nous est arrivé, à moi et à ma famille, et aussi à mon pays.

Les journaux de ton pays ont certainement parlé du tremblement de terre, tu as dû voir des centaines de photos, des reportages à la télé, ils ont dû montrer les ruines, le désordre, donner le chiffre des morts... mais tout ça ne dit pas ce que nous avons ressenti lorsque la terre s'est mise à trembler, quand elle s'est ouverte, partout autour de nous, quand toutes nos maisons se sont effondrées les unes après les autres dans la poussière.

Beaucoup de gens sont morts, tu le sais, énormément sont blessés, je ne sais pas pourquoi le bon Dieu a voulu m'épargner, mais c'est ainsi : je suis vivant, et je veux te dire que je t'aime comme jamais, plus qu'avant, tout ce que j'ai pu te dire jusqu'ici n'est rien en comparaison de ce que j'éprouve pour toi aujourd'hui.

On avait bien senti, le soir, qu'il allait se passer quelque chose. Les chiens ne cessaient d'aboyer, les poules ne voulaient plus se coucher, elles couraient au milieu des rues comme si elles avaient perdu la raison. Et puis le ciel était rouge, on aurait dit qu'un feu se cachait derrière les nuages. Je n'avais jamais vu un ciel pareil. Les vieux disaient : « Il va se passer quelque chose. » Mais ils ne disaient pas le mot « tremblement de terre », ils n'osaient pas prononcer ce mot. De peur que ça nous porte malheur, peut-être.

En 1932 un tremblement de terre avait ravagé les îles Rademaker, les vieux s'en souvenaient mais ils n'essayaient même pas de prévenir la population, personne ne les aurait cru, et si on les avait crus, on n'aurait pas bougé, pensant qu'il n'y avait rien à faire, qu'il fallait s'en remettre à la chance, au bon Dieu. On en voyait beaucoup qui priaient.

Ce soir-là, j'étais chez mon oncle Antonio, le frère de ma mère, c'était une petite maison en bois, au milieu du quartier pauvre, je dis « c'était » parce que aujourd'hui il n'en reste rien. Absolument rien. J'allais chez eux deux ou trois fois par mois, j'aimais bien ça parce que je retrouvais mon cousin Justo qui a presque mon âge, un peu plus jeune, et qui depuis toujours est mon seul vrai copain. Tu sais bien pourquoi je n'ai pas beaucoup d'amis, autant dire pas un seul ami, ce n'est pas la peine que je t'explique.

Tout le monde était dehors, inquiet, on parlait du tremblement de terre sans dire le nom, on ne savait pas quoi faire. Et puis comme rien ne se passait, malgré ce ciel rouge et l'affolement des bêtes, on a commencé à se dire qu'il ne se passerait rien, rien ce soir en tous les cas, et les gens sont rentrés chez eux.

Vers neuf heures, Nanou est arrivée. C'est notre grand-mère. Elle n'est pas assez vieille pour avoir connu le tremblement de terre de 1932, mais elle avait perdu la moitié de sa famille dans la catastrophe, elle en avait entendu parler par ses parents et durant toute son enfance elle avait vécu dans la peur que ça recommence un jour. Ce jour-là était arrivé, elle en était sûre. Elle voulait nous empêcher d'entrer dans la maison, d'après elle il fallait dormir dehors pour éviter que ça nous tombe dessus, au cas où. Mon oncle a commencé à la traiter de folle. Il était sûr que ça n'arriverait pas, il croyait que les tremblements de terre étaient une chose du passé qui ne pouvait plus se produire.

À un moment les chiens ont cessé d'aboyer, ils se sont couchés par terre, soumis, gémissant comme si on les avait battus. Les poules et les coqs eux aussi restaient immobiles, recroquevillés dans la poussière.

Comme plus rien ne se passait, Nanou a fini par admettre qu'elle s'était affolée pour rien. Elle-même faisait des efforts pour contenir sa peur, se raisonner.

– D'accord, a-t-elle dit, allons nous coucher tranquillement, mais je vous en prie, ne fermons pas la porte.

Il faut dire que, dans ce quartier très pauvre, les gens avaient pris l'habitude de s'enfermer à double tour à cause des voleurs. Ils fermaient les volets avec des barres de fer, mettaient des chaises derrière la porte, ou carrément l'armoire, et mon oncle aussi faisait ça. Mon oncle Antonio faisait toujours tout comme tout le monde : il buvait, il n'avait pas de travail, il ne croyait pas aux tremblements de terre, et s'enfermait la nuit à double tour.

Heureusement, sur l'insistance de Nanou, il a accepté de laisser la porte ouverte.

Nanou ne voulait pas qu'on se déshabille, elle ne voulait même pas qu'on enlève nos chaussures. Elle a préparé un grand lit pour qu'on dorme tous ensemble, pas trop loin de la porte, mais quand Justo a vu ça il a fait une colère, il détestait dormir avec Nanou, il s'est mis à pleurer. Tout le monde était nerveux, je crois qu'il y avait beaucoup d'électricité dans l'air. Finalement, Justo est allé dormir dans sa chambre et moi je suis resté dans la grande pièce avec Nanou. *Au début, je n'arrivais pas à dormir, et puis Nanou m'a serré contre elle.*

– Ne t'en fais pas, m'a-t-elle dit, la fin du monde n'est pas pour demain. Quand elle arrivera il y aura dans le ciel d'énormes trompettes pour l'annoncer. Est-ce que tu as entendu des trompettes, Emilio ?

– Non, j'ai répondu, je n'ai pas entendu de trompettes.

– Alors tu peux dormir tranquille.

Je crois qu'elle s'est mise à chanter quelque chose, très doucement, et je me suis endormi la tête posée sur son ventre.

Quand je me suis réveillé, c'était comme dans un bateau, tout bougeait, tout se renversait, la poussière tombait de partout. Et puis il y avait ce bruit énorme qui montait de la terre. Nanou criait, elle appelait mon oncle, elle me secouait pour me réveiller, je ne comprenais pas où étaient mon oncle et ma tante Marta, on a voulu courir vers la porte, mais on n'arrivait pas à tenir debout, il a fallu avancer à quatre pattes, ramper jusqu'à la porte. J'ai essayé d'ouvrir la porte mais j'avais beau tirer et tirer, elle était coincée à cause des murs de la maison qui avaient bougé et qui pesaient sur le chambranle. Ce n'était plus seulement la poussière qui tombait, c'étaient les meubles eux-mêmes, ils s'écroulaient autour de nous, l'armoire, le buffet avec les assiettes, avec les verres, et le miroir aussi s'est décroché du mur, ça commençait à tomber du plafond, des morceaux de plâtre, de la pluie de poussière, de cailloux et de plâtre. Il fallait à tout prix sortir de là.

– Ouvre, criait ma grand-mère, tire plus fort !

– Mais c'est bloqué, je peux rien faire !

On s'est mis à tirer tous les deux sur cette porte. De l'autre côté on entendait mon oncle et ma tante qui essayaient eux aussi d'ouvrir la porte. Je ne sais pas pourquoi ils étaient dehors, comment ils avaient fait pour sortir. La maison s'effondrait morceau par morceau, ça nous tombait dessus, je voyais le moment où tout allait s'écrouler sur nous, mais le plus angoissant c'est qu'en même temps, à l'autre bout de la maison, on entendait mon cousin qui appelait au secours. Il hurlait, en vérité, et on comprenait qu'il n'était pas seulement effrayé ou prisonnier dans sa chambre, comme nous, mais que ses cris à lui étaient des cris de souffrance, et qu'il était blessé certainement assez gravement.

Je me suis mis à crier après lui :

– Ne bouge pas, Justo, on va venir !

Mais je restais là, à tirer sur cette porte qui ne voulait pas s'ouvrir.

C'est alors que la terre s'est mise à trembler un peu plus fort, c'était surtout ce bruit qu'on entendait, qui montait des entrailles de la terre et qui nous secouait de peur, mais à ce moment-là, grâce à cette espèce de basculement de la maison, la porte s'est ouverte. J'ai vu mon oncle et ma tante Marta, ils nous ont presque arrachés de la maison, mais à ce moment-là, voyant que j'étais presque sauvé, j'ai pensé à mon cousin.

– Justo est coincé dans sa chambre, j'ai crié, il faut aller le chercher !

J'ai essayé de retourner à l'intérieur de la maison pour lui porter secours, mais j'ai senti la force de mon oncle qui me tirait, et je me suis retrouvé dans la rue, la rue submergée de poussière, les gens couraient dans tous les sens, les cris se mélangeaient avec les sirènes, les hurlements des chiens, les bébés, et toujours ce grondement de la terre, comme un monstre, comme si on était sur le dos d'un monstre qui allait se soulever, et au-dessus de nous le ciel était rouge, encore plus rouge qu'avant, certaines maisons étaient déjà tombées, d'autres s'écroulaient, les voitures étaient soulevées, renversées, les klaxons étaient coincés, les cloches de l'église, tout, et au milieu de ce bruit, j'entendais Justo qui appelait à l'aide à l'intérieur de la maison. Il y avait Nanou et ma tante qui me tenaient pour m'empêcher d'aller dans la maison.

– Lâchez-moi, je leur disais, il faut aller l'aider.

Elles aussi elles entendaient les cris de Justo, elles cherchaient des hommes dans la rue qui puissent aider mon oncle à l'intérieur de la maison, mais tout le monde était pris par ses propres malheurs, ses propres enfants à sauver, et mon oncle restait seul dans cette maison qui allait peut-être s'écrouler d'une minute à l'autre.

– Lâchez-moi ! Je vais l'aider !

Je sentais qu'elles commençaient à faiblir, elles ne savaient plus quoi faire, alors au bout d'un moment, j'ai donné un coup sec et je me suis libéré, j'ai foncé à l'intérieur de la maison sans qu'elles aient un geste ni même une parole pour me retenir.

Je suis entré dans la maison. Elle bougeait de partout, cette maison, elle craquait, elle était comme un animal en train de mourir, un éléphant, ou alors un grand bateau qui s'écrase sur les rochers, elle hurlait de tous ses murs, de toute sa charpente qui n'en finissait pas de grincer, de s'affaisser, et de résister, je ne sais pas comment.

J'ai traversé la grande pièce en sautant par-dessus les meubles en équilibre, j'avais l'impression que plus rien ne tenait à rien et que ça tenait du miracle que je puisse faire ça, je ne comprenais pas ce qui me poussait, j'imaginais que derrière moi il n'y avait plus rien, tout s'effondrait après mon passage.

Je suis arrivé dans la chambre de Justo, mais il n'y avait plus de chambre, cette partie-là de la maison était écroulée, ce n'était plus qu'un enchevêtrement de poutres, de planches, un gros tas de ruines à ciel ouvert, et à l'intérieur de ce tas, la voix de Justo, ses cris atroces, ses pleurs de panique et de souffrance.

– J'ai mal, disait-il, je peux plus bouger mes jambes.

Il appelait son père, sa mère, il disait qu'il ne voulait pas mourir, et mon oncle était là, comme un idiot, les yeux pleins d'effroi, paralysé, ne sachant quoi faire, par où commencer.

Je crois qu'il avait bu, mon oncle, il avait passé toute la soirée à boire de la tequila pour oublier sa peur du tremblement de terre. Malgré tout ce qui était en train de se passer, il n'avait pas encore dessoûlé et son cerveau ne fonctionnait pas très bien. Je dois dire qu'à ce moment-là, je l'ai détesté comme si tout ça était de sa faute : car s'il avait écouté Nanou, Justo ne serait pas retourné dans sa chambre, s'il avait eu un peu de courage, Justo en aurai eu aussi et il serait resté avec nous, tout habillé, prêt à sortir. Au lieu de ça, il s'était presque moqué de Nanou, et Justo l'avait imité, ils avaient fait comme si rien ne devait arriver.

Maintenant, mon oncle bredouillait, je crois bien qu'il priait, lui qui disait tout le temps que le bon Dieu n'existe pas, que c'est l'opium du peuple, et cætera, *il priait à genoux devant le tas de gravats sous lequel son fils était prisonnier.*

– Antonio Perez Fernandez, j'ai crié, relève-toi !

Il s'est retourné, il était tellement surpris que je sois là qu'il a regardé en l'air, à travers le plafond écroulé, comme si je lui parlais depuis le ciel.

– Qu'est-ce que tu fais là, Emilio ? Va-t'en !

Son visage était déformé par l'alcool, et aussi la honte. Il a levé la main sur moi, menaçant de me frapper pour me faire déguerpir.

En plus de sa figure horrible, il avait la voix cassée, tout ça m'effrayait et en même temps ça me brisait le cœur.

C'est comme ça, les tremblements de terre : ils écrasent les maisons, tordent les routes comme des chiffons, ils renversent les voitures, mettent le feu partout, et brisent le cœur.

Je t'écris de l'aéroport où nous nous étions dit adieu, il y a deux ans et demi. Je suis sous une tente de secours à l'intérieur de cet immense campement où se sont réfugiées des centaines de familles.

Tout est fini maintenant, je ne risque plus rien, mais je sens dans ma poitrine que j'ai le cœur brisé à cause de tout ce que j'ai vu.

Ma mère est venue frapper à la porte de ma chambre. Elle voulait savoir comment allait ma crise d'asthme. En fait, elle savait très bien que je n'avais aucune crise. Depuis mon retour d'Afrique c'était l'excuse pour ne pas aller au lycée les jours où j'avais besoin d'écrire un livre pour enfants, j'en avais déjà écrit deux et elle savait très bien que dans ces cas-là il fallait me laisser tranquille, ne pas perturber mon travail, et surtout ne pas mettre en doute ma crise d'asthme, car ça me mettait en colère et il me suffisait alors de remettre un chiffon mouillé dans un sac en plastique, et dès le lendemain, en fourrant mon nez dans les premières moisissures, je me déclenchais une vraie crise d'asthme qui me clouait au lit pour trois jours, elle savait que j'en étais capable, et malgré tout, ç'a été plus fort qu'elle : il a fallu qu'elle entre dans ma chambre et qu'elle dise :

– Tu n'as pas l'air malade, Henri. Tu devrais être au lycée à cette heure.

Pour tout dire, ma mère ne veut pas que je devienne écrivain, elle a réussi à en écœurer mon père et elle compte bien parvenir au même résultat avec moi.

– Je sais très bien ce que tu es en train de faire, a-t-elle dit, mais tu abuses de ma patience, Henri. Pose ce stylo et retourne au lycée tout de suite.

– Détrompe-toi, maman, lui ai-je répondu, je ne suis pas du tout en train d'écrire un livre pour enfants, c'est un travail de traduction espagnole que je dois remettre demain à une amie.

– N'essaie pas de m'embobiner, Henri, je risquerais de le prendre très mal.

– Regarde toi-même.

Elle s'est approchée de ma table, elle s'est penchée au-dessus des feuilles d'Emilio comme sur le chaudron des maléfices, et elle a constaté qu'en effet ce n'était pas mon écriture.

Je lui ai expliqué en quelques mots de quoi il s'agissait, Anaïs, la robe à motifs tropicaux, le tremblement de terre des îles Rademaker, tout, et alors elle s'est assise sur mon lit, stupéfaite.

– Un tremblement de terre, a-t-elle murmuré. Mais où vas-tu chercher tout ça ? Nous n'avons jamais vécu la moindre chose de ce genre. Jamais.

Même pas la plus petite inondation. Il y a bien eu les dégâts des eaux dans la cave de ton grand-père, il y a deux ans, mais on n'a même pas eu besoin de faire venir les pompiers. Je ne comprends pas, Henri, est-ce que tu as de l'imagination ? Je veux dire, est-ce que tu es vraiment un écrivain comme Balzac, Martin du Gard, ou Romain Gary, ces vrais génies qui savent imaginer les choses ? Et non pas comme ton père qui ne sait rien faire d'autre que déballer nos histoires intimes.

– Mais je n'ai rien inventé, maman, c'est une lettre authentique, elle vient des îles Rademaker, tous ces personnages sont vivants... enfin ils sont peut-être morts à l'heure actuelle, je ne sais pas, il faut que tu me laisses finir.

– Mais les îles Rademaker n'existent pas, Henri !

– Comment ça ? Bien sûr que si, elles existent.

– Allons, allons, ne fais pas ton bêta.

J'ai regardé ma mère, je me suis demandé si elle était idiote, si elle était folle, ou si tout simplement elle n'avait jamais ouvert les livres de mon père, si elle s'était toujours opposée à ces livres sans les avoir lus. J'ai failli la traiter de réactionnaire, de bourgeoise bornée, mais j'avais trop de respect pour ma mère et malgré tous les reproches que je pouvais lui faire je l'aimais énormément, je ne voulais pas lui faire de la peine, et je ne voulais pas non plus penser qu'elle était folle, ou idiote. J'ai donc repris mentalement la situation par le début :

« Anaïs est un personnage réel, me suis-je dit, la famille de La Houlette existe, cette lettre écrite entièrement en espagnol, ce n'est pas moi qui l'ai inventée, et si les îles Rademaker n'existent pas, comme le prétend ma mère, est-il possible qu'on ait mis au point tout autour de moi une telle supercherie : mon père et ses livres, Anaïs et ses voyages à travers le monde, Emilio et son tremblement de terre ? »

C'était envisageable, certes, mais dans quel but, pourquoi tant d'efforts ?

J'ai longuement réfléchi. Je me suis demandé s'il était possible qu'une telle mise en scène soit uniquement destinée à me faire écrire, s'il était possible que mon père ait imaginé tout ça dans le but de me faire écrire un livre pour enfants.

Oui, c'était possible.

Mais c'est alors que je me suis demandé pourquoi, pourquoi moi, pourquoi ne pas confier ce travail à un écrivain reconnu, un spécialiste des livres pour enfants.

«Qu'est-ce que j'ai de plus que les autres?» me suis-je demandé.

Le style?

Je me suis posé la question du style: «Est-ce que j'écris bien, est-ce que j'écris écris si bien que ça, suis-je la seule personne au monde à écrire aussi bien des livres pour enfants? Suis-je le seul à pouvoir raconter cette histoire de tremblement de terre?»

J'ai regardé la lettre d'Emilio, toutes ces feuilles qui n'avaient même pas été écrites par moi, et je me suis dit: «Après tout, qu'est-ce que ça change que ce soit lui ou un autre ou moi qui les ait écrites? Rien. Que les îles Rademaker existent ou non, peu importe, ce qui compte c'est que ça fasse un livre.»

J'ai alors changé mon fusil d'épaule, j'ai décidé de ne plus m'opposer à ma mère comme je le faisais, j'ai penché la tête gentiment, et sur le ton de l'aveu je lui ai dit:

– Oui maman, je suis en train d'écrire un nouveau livre. Si tu veux, je vais te lire la suite. Comme ça se passe en Amérique du Sud, je l'ai d'abord écrit en espagnol pour faire plus vrai. Maintenant, je le traduis.

– C'est un gros travail, a dit ma mère d'un ton admiratif.

– Un travail énorme, ai-je dit, mais surtout, le gros boulot, c'est la construction.

Elle a eu un sourire de ravissement. Ce que ma mère admire le plus en littérature, c'est la construction. Elle aime voir qu'un livre est construit, même s'il est complètement idiot, s'il est construit c'est déjà à ses yeux un livre de valeur.

– Je t'écoute, a-t-elle dit en s'enfonçant confortablement dans mes oreillers.

– Je ne prétends pas qu'il est tout à fait fini, ai-je dit pour achever de la rassurer, car ma mère adore les écrivains archihumbles, c'est la première qualité qu'elle veut reconnaître chez un auteur.

– Vas-y, je t'écoute.

J'ai repris la traduction de la lettre.

Devant mon oncle Antonio qui levait la main sur moi, écrivait Emilio dans sa lettre, *je n'ai pas reculé. Je l'ai regardé dans les yeux, ses yeux vitreux et pleins d'alcool, et j'ai attendu qu'il baisse le bras.*

Il a baissé son bras, enfin, et tout de suite j'ai grimpé sur le tas de gravats et j'ai commencé à chercher mon cousin.

Je l'ai facilement repéré parce qu'il n'arrêtait pas de gémir. Il était là, entre l'armoire et le mur effondré, j'ai vu sa main, son bras, il n'avait même pas eu le temps de descendre de son lit, le mur s'était écroulé sur lui tout de suite.

J'ai retiré les premières grosses pierres, et très vite je l'ai vu, il y avait du sang sur son visage, ça coulait du nez, de la lèvre, mais ses yeux étaient là, fixés sur moi, et à travers ses larmes il m'a reconnu.

– Emilio, a-t-il dit.

Jamais je n'oublierai comment il a prononcé mon nom. Je crois que tu peux entendre ton nom des centaines et des milliers de fois dans ta vie, ça ne te fait rien, tu réponds et c'est tout. Et puis une fois, quelqu'un dit ton nom d'une certaine manière, dans certaines circonstances, et pour la première fois de ta vie tu as l'impression que c'est vraiment ainsi que tu t'appelles, tu te sens baptisé comme si ça venait du ciel.

Justo s'est mis à pleurer encore plus, à croire que l'espérance de s'en sortir provoquait de nouvelles douleurs, plus fortes.

– Mes jambes sont cassées, a-t-il dit, j'ai trop mal, je veux pas mourir, Emilio !

– Je suis là, calme-toi, je lui ai dit, on va enlever les pierres et on va te sortir de là tout de suite.

Puis je me suis tourné vers mon oncle et je lui ai crié qu'il vienne m'aider.

Il était là, complètement avachi, sans réaction. En le regardant j'ai compris une chose atroce : en fait, s'il était retourné à l'intérieur de la maison, ce n'était pas pour sauver son fils, il n'avait jamais cru à ça, il ne s'en était jamais senti capable, s'il avait pris ce risque insensé c'était tout simplement pour aller mourir avec Justo, le rejoindre dans l'au-delà. Je ne peux pas te dire s'il me faisait pitié ou s'il me dégoûtait, d'ailleurs je crois qu'il n'y a presque rien entre la pitié et le dégoût, et je ne préfère ni l'un ni l'autre. J'ai hurlé après lui, je l'ai même traité d'ivrogne et autre chose que je ne peux pas te dire et qui me fait un peu honte, mais ça l'a réveillé, il s'est redressé, il s'est levé et il a fait l'effort de venir jusqu'à nous en escaladant comme il pouvait le tas de pierres.

Après plusieurs chutes, il est enfin arrivé au bord de l'ouverture, et quand il a vu son fils, subitement, ça l'a dessoûlé.

– Justo, a-t-il dit, mon Justito.

Il s'est mis à son tour à retirer les pierres, soulevant les plus grosses, les balançant le plus loin possible, il avait la rage tout à coup, il répétait le nom de Justo en pleurant, en transpirant, et en quelques minutes on est arrivés à dégager le corps de mon cousin jusqu'à la taille.

Il était bien en vie, ses bras, sa tête, il n'avait aucune blessure sur la poitrine, mais ses jambes étaient prises sous la grosse poutre, celle du plafond, et dès qu'on essayait de le tirer il se mettait à hurler.

Il n'y avait qu'une solution : il fallait soulever la poutre, il fallait que j'arrive à le faire tout seul pendant que mon oncle tirerait son fils de ce piège.

J'ai trouvé une barre de fer, une grosse pierre. Il faut te dire que pendant ce temps-là, la maison ne cessait de bouger, les tremblements continuaient de monter de la terre, plus ou moins forts, mais toujours là, tout ce qu'on faisait, tout ce qu'on disait était comme au bord de l'abîme, d'une seconde à l'autre la possibilité de basculer et de disparaître à jamais… J'ai trouvé cette barre de fer, et sur une des grosses pierres j'ai fabriqué un levier, puis, de tout mon poids, de toutes mes forces, j'ai poussé dessus.

Comme mon poids ne suffisait pas, j'ai pris de l'élan et j'ai carrément sauté sur l'extrémité de la barre. La poutre a bougé. Justo a hurlé de façon terrible, mais ça y était, il était presque dégagé. Quand son père l'a tiré par les épaules, j'ai cru qu'il lui arrachait les jambes tellement il criait. De ma vie je n'ai entendu quelqu'un avoir aussi mal. Je n'imaginais pas que la souffrance puisse monter aussi haut.

J'ai vu mon cousin dans les bras de son père, il avait ses deux jambes, mais dans quel état : elles étaient tordues, presque retournées, il y avait du sang, des lambeaux de tissu, j'ai failli vomir mais je l'avais déjà fait, deux minutes plus tôt j'avais déjà vomi à force de l'entendre crier.

Mon oncle l'a porté en dehors du tas de gravats. La maison s'était stabilisée, la terre tremblait encore mais comme si c'était fini, qu'elle se calmait. On a pu sortir sans rien recevoir sur la tête, et on est arrivés dans la rue. Nanou et ma tante se sont bien sûr jetées sur nous, elles ont allongé Justo par terre, elles pleuraient, elles aussi, et tout autour, dans la rue, c'était la même scène, des femmes autour des corps, la rue défoncée, les voitures, la poussière qui restait suspendue dans l'air, car des maisons continuaient de s'écrouler ici et là, certaines brûlaient, il y avait des incendies un peu partout, et toujours le même ciel rouge, les sirènes, les cris, j'ai regardé ça en me demandant si c'était possible, et encore aujourd'hui, quand je vois tout le désastre autour de moi, je me demande si c'est réel, ou simplement un songe qui va bientôt finir, je ne peux pas croire que tout a disparu comme ça, en quelques minutes, la chambre de Justo avec le lit sur lequel on faisait la java, l'armoire où on allait se cacher, des fois je m'attends à ce que tout cela se redresse, je ferme les yeux pour laisser aux souvenirs le temps de revenir comme avant, de reprendre leur place, mais quand j'ouvre à nouveau les yeux, rien n'a bougé, ce ne sont en effet que des souvenirs, il n'y a que les ruines, et les ruines refusent de se remettre debout, le malheur insiste partout, et alors je suis bien obligé d'admettre que c'est arrivé, qu'il n'y a rien à faire, il faut bien accepter de vivre au milieu de ce grand désastre, car il n'y a rien d'autre. Il faut retourner à la fontaine provisoire chercher de l'eau, faire la queue devant les avions, retourner auprès de Justo, jouer avec lui aux cartes, aux dames, pour qu'il ne s'ennuie pas, qu'il ne perde pas patience.

Je lui fais aussi l'école.

Hier, je lui ai apporté des béquilles, fabriquées par moi-même, il a maintenant le droit de se lever cinq minutes par jour. Il s'est mis sur le bord du lit, je l'ai vu se dresser, s'accrocher aux béquilles et avancer comme ça, centimètre par centimètre. J'étais vraiment heureux. Pour la première fois depuis le tremblement de terre je me suis mis à pleurer. Depuis la catastrophe j'avais vu des centaines de gens en larmes, Justo, Nanou, mon oncle et ma tante, mais moi rien, je n'y pensais même pas, et là, en voyant Justo faire ses premiers pas, c'est venu. J'ai pleuré parce que tout à coup, pour la première fois, j'ai compris que c'était moi qui l'avais sauvé. Sans moi, il ne serait jamais sorti de la maison, et mon oncle non plus, car j'avais aussi sauvé mon oncle, et tout en pleurant je revoyais ce moment incroyable, là, une minute à peine après qu'on est sortis de la maison, quand tout à coup notre maison s'est écroulée, s'est dégonflée, je ne sais pas comment dire, je garderai toujours la sensation de ce souffle, ce soupir d'éléphant, ce petit vent de mort qui nous a presque caressé le visage. Quelques secondes après, ce n'était plus qu'un petit tas de ruines poudreuses, irréelles, tout était irréel, et je me souviens d'avoir eu ce réflexe de me tourner vers Justo à ce moment-là, et vers mon oncle, ma tante, d'avoir eu besoin de les toucher pour me dire : ils sont là. Simplement ça.

Je crois que lorsqu'on a sauvé quelqu'un une fois dans sa vie, on ne l'oublie jamais, et ce qui est bizarre c'est qu'on a très envie de recommencer.

Aujourd'hui je n'ai qu'une envie c'est devenir médecin pour sauver des vies humaines à tire-larigot. Et comme ça, quand il y aura un autre tremblement de terre, je ne resterai pas dans la rue, ahuri, à regarder notre maison réduite en poussière, je foncerai immédiatement dans une autre maison pour sauver encore le maximum de personnes.

Mais il faut que je te raconte la suite des événements après que la maison est tombée.

Ma tante Marta criait après mon oncle, le secouait pour qu'il aille chercher la voiture au garage. Finalement ils sont partis tous les deux.

Nanou était auprès de Justo mais elle ne savait pas quoi faire avec ses jambes tordues. Elle a commencé à découper son pyjama, ce qui restait de son pyjama, elle le déchirait dans la longueur avec les dents, et ce qui était tragi-comique c'est que, malgré la douleur, Justo avait encore la présence d'esprit de se battre contre Nanou pour l'empêcher de le déshabiller devant tout le monde, il ne voulait pas qu'on le voie tout nu, il cachait son zizi avec ses mains comme si, au milieu de cette catastrophe, ça intéressait encore les gens de savoir comment il était fait.

Il y avait des cris partout, les canalisations étaient crevées, l'eau jaillissait d'un peu partout. Une de nos voisines est devenue complètement folle, et elle s'est mise à rire, à hurler de rire devant sa maison détruite, et elle allait d'une maison à l'autre en riant comme une damnée. Au bout d'un moment, les autres se sont approchés d'elle pour lui demander d'arrêter, mais elle continuait, elle se moquait d'eux, ils ne savaient pas comment faire, c'était insupportable de l'entendre, la voir comme ça, rire au-dessus des blessés, des morts, devant les ruines. Alors ils ont fini par employer la force, ils l'ont attachée, bâillonnée, c'était pénible à voir.

Nanou s'est mise à faire des pansements autour des jambes de Justo, pour arrêter le sang. On voyait bien que ses jambes étaient tordues, presque déchirées, Nanou avait du mal à regarder ça, elle disait : « Mon Dieu ! mon Dieu ! » pour se donner du courage, mais ça ne l'aidait pas beaucoup. Ça l'énervait aussi que je reste là à ne rien faire.

– Ce n'est pas la peine de regarder ça, m'a-t-elle dit, va chercher un docteur. Allez, va-t'en ! Va-t'en !

C'était vraiment absurde : comment imaginer qu'il puisse y avoir un docteur, là, dans cette rue misérable d'un des quartiers les plus pauvres de Rademaker, au milieu de tous ces gens qui soignaient eux-mêmes leurs blessés, qui faisaient comme nous, ni plus ni moins, sans aucun secours, fabriquant des pansements avec des chiffons, des morceaux de chemises, c'était absurde d'espérer trouver un docteur dans ces circonstances. Et c'est pourtant ce que j'ai fait : j'ai commencé à descendre la rue en demandant aux gens s'ils n'avaient pas vu un docteur.

– Mon cousin a les jambes cassées, j'expliquais.

Mais personne ne me répondait, au contraire, les gens me bousculaient. Alors je continuais plus loin dans la rue, il y avait des femmes que je connaissais, accroupies par terre, la tête dans les bras, elles pleuraient sans s'arrêter. J'ai vu deux petits qui marchaient en se tenant la main, ils ne savaient pas où ils allaient mais ils marchaient sans se lâcher, j'ai pensé qu'ils n'avaient plus de parents, je ne sais pas pourquoi j'ai tout de suite imaginé ça, et aujourd'hui quand j'y repense je suis sûr que c'était ça : ils étaient orphelins.

Partout il y avait des gens allongés, des blessés. J'avançais de plus en plus vite dans la rue, comme si au bout de la rue il y avait moins de malheur, moins de destructions et de blessés, comme si j'allais trouver des docteurs, mais bien sûr, plus j'avançais plus c'était pareil, la rue n'avait pas de fin, elle était trop longue. J'ai perdu espoir d'en voir le bout, je me suis arrêté, et quand j'ai voulu retourner sur mes pas, j'ai senti que je n'en avais plus la force. J'étais paralysé.

C'est alors que j'ai vu le premier mort de ma vie. C'était un homme qui avait été blessé à la poitrine, ils l'avaient transporté et installé au milieu de la rue, comme les autres, et maintenant il était mort, il venait de mourir, j'ai compris ça à cause des cris des femmes qui sont devenus soudain plus aigus, les gens qui étaient autour se sont écartés, comme si c'était dégoûtant, ou trop triste à voir, il y en a qui sont partis le plus loin possible en pleurant, et ainsi, autour du cadavre, il y a eu du vide, un espace qui permettait de voir, alors je me suis approché, j'étais poussé à le faire sans savoir pourquoi, je voulais voir son visage, ses yeux, et c'est en voyant ses yeux que j'ai compris qu'il était mort.

Juste au moment où je me penchais pour le toucher, quelqu'un est venu le couvrir, il lui a d'abord fermé les yeux, puis il a remonté la toile par-dessus la tête pour le cacher entièrement. À ce moment-là, j'ai regardé celui qui venait d'accomplir ce geste, et j'ai vu qu'il portait une blouse bleue, pleine de sang, mais bleue quand même, ce qui voulait dire qu'il était docteur. Alors aussitôt je me suis jeté sur lui, je l'ai attrapé par le bras et je ne l'ai plus lâché.

– Venez avec moi, je lui ai dit, mon cousin est gravement blessé.

Je lui ai expliqué que ses jambes étaient tordues, qu'il perdait du sang, que mon oncle et ma tante étaient partis chercher la voiture, je lui ai tout raconté, la maison, Nanou, comment la porte s'était coincée, puis décoincée, comment j'avais sauvé mon cousin, je lui parlais pour ne pas le lâcher, pour l'empêcher de s'intéresser à autre chose, j'étais accroché à lui, à son bras, il aurait fallu qu'il se coupe le bras pour se débarrasser de moi.

Je l'ai tiré à travers la foule. On passait devant les autres blessés, les mourants, mais je ne laissais personne approcher du docteur, je le tenais de toutes mes forces et dès que quelqu'un lui demandait de l'aide je criais plus fort pour couvrir sa voix, je racontais encore des détails, j'en inventais, je n'avais aucune pitié pour personne. On a remonté la rue comme ça, jusqu'à la maison.

En fait, ce docteur n'était pas un vrai docteur, seulement un étudiant, il était beaucoup trop jeune pour savoir ce qu'il faut faire dans ces cas-là, disons plutôt qu'il savait en théorie, dans les livres, mais il ne l'avait jamais fait.

Il a pourtant bien fallu qu'il le fasse.

Il a d'abord défait les pansements que Nanou avait mis autour des jambes de Justo, puis il l'a ausculté brièvement en lui tâtant les jambes.

– Ça ira, a-t-il dit comme s'il avait fait ça toute sa vie.

Il est allé vers la maison, il a tiré du tas de gravats deux planches de bois qu'il a cassées aux bonnes dimensions, puis il est retourné vers mon cousin, il lui a pris la jambe, ça n'a pas duré longtemps, il a tiré dessus d'un coup sec, le faisant hurler comme jamais, et il a remis la jambe droite, presque droite, il l'a fixée sur la planche avec les chiffons pleins de sang. Nanou s'est mise à vomir, comme moi tout à l'heure. Justo s'est évanoui, et moi j'ai applaudi.

– Bravo, docteur ! j'ai crié.

C'est là qu'il m'a dit qu'il n'était pas docteur, seulement étudiant.

– Ça fait rien, j'ai dit, remets-lui l'autre jambe en place.

Et il l'a fait. Il a replacé la deuxième jambe dans le bon sens et il l'a fixée sur l'autre planche sans que Justo ait poussé un gémissement.

– Il faudra quand même l'emmener à l'hôpital le plus tôt possible, a-t-il dit. Et puis essayer de le réveiller.

– Comment on fait ?

– Demande à ta grand-mère, elle le sait.

Et il est reparti, ou plutôt quelqu'un est arrivé pour nous l'arracher exactement comme je l'avais arraché à la famille du mort quelques minutes avant.

Nanou a recouvert son vomi avec de la terre, puis elle s'est essuyé la bouche. J'ai fait semblant de ne rien voir.

– Il faut réveiller Justo, je lui ai dit, le petit docteur a dit que tu savais comment faire.

Elle a froncé les sourcils, j'ai tout de suite compris qu'il y avait quelque chose qui clochait, mais elle s'y est mise. Elle a d'abord essayé de le réveiller en lui tapotant les joues, mais rien. On a été chercher des pierres pour les lui glisser sous les jambes.

– C'est pour que le sang remonte à la tête, m'a-t-elle expliqué.

Mais Justo ne se réveillait pas.

Elle lui a encore tapoté le visage à droite et à gauche, et finalement elle s'est décidée, elle m'a regardé droit dans les yeux et elle a dit :

– Ce que je vais faire maintenant, Justo ne devra jamais le savoir. Considère que c'est un secret entre toi et moi. Tu es d'accord, Emilio ?

J'ai juré, j'ai dit d'accord, je voulais qu'elle se dépêche, je ne me doutais pas de ce qu'elle allait faire, et même en la voyant enjamber le corps de Justo je ne comprenais pas. Encore aujourd'hui je n'en reviens pas, et pourtant il faut me croire, Anaïs : tout ce que je raconte dans cette lettre est absolument véridique, Nanou s'est accroupie au-dessus de la tête de Justo et elle lui a pissé dessus.

Ma mère, complètement conquise, complètement ramollie par la beauté de ce tremblement de terre qu'elle croyait sorti de mon imagination, tout à coup, en entendant cette histoire de pipi, s'est redressée. Elle a sauté de mon lit en criant :

– C'est infect !

Puis elle s'est lancée dans un de ses grands discours sur la littérature, comme si elle savait ce que c'était, comme si elle avait déjà écrit des livres, ou même un seul livre qui puisse l'autoriser à parler de cet art difficile.

– Franchement, m'a-t-elle dit, tu peux te passer de cet épisode, je ne vois pas du tout ce que ça apporte. C'est une erreur grave dans le récit. Ton père aussi avait cette manie de tout gâcher avec ce genre de détails inutiles. C'était plus fort que lui, il savait pourtant bien qu'il allait avoir des ennuis avec les bibliothécaires, avec les parents, les enseignants, tous ces gens qui, ensuite, à cause de ça, feraient barrage, empêcheraient les enfants de lire ses livres. Et tout ça pour trois gros mots ridicules, pour quelques situations scabreuses qui, franchement, n'avaient rien à voir avec l'histoire. Ses histoires les plus pures, les plus belles, il les a gâchées comme ça. Je lui disais: «Enlève ça, je t'en prie!» Mais il était têtu comme une mule, il se mettait à pousser des grands cris sur la censure, il prônait la liberté totale de l'écrivain, même de l'écrivain pour enfants, il n'avait pas de mots assez durs à l'égard de ce qu'il appelait «la misère de la littérature française», comme s'il était le chef du renouveau, le leader de la révolution des Lettres.

– Peut-être c'est vrai, ai-je dit timidement.

– Et puis quoi encore?... Tu crois que ces histoires de pipi caca sont très nouvelles? Tu crois que ces gros mots n'ont pas déjà été écrits des centaines de fois? Eh bien si, Henri, figure-toi qu'ils ont déjà été écrits des milliers de fois, et mille fois mieux, et ça n'a rien changé, ça n'a fait que dégoûter les lecteurs, des milliers de lecteurs qui considèrent que les livres ne sont pas une bonne place pour déverser les ordures. Car dans leur immense majorité, les gens ont une haute estime des livres, beaucoup plus haute que ton père, crois-moi. De toute façon je ne veux pas discuter de ça avec toi, il faut enlever tout ce passage sur la grand-mère accroupie, a-t-elle dit en commençant à fouiller sur mon bureau.

Mais j'ai aussitôt ramassé les feuilles que j'ai serrées contre moi, prêt à les défendre jusqu'à la mort, à défendre mon père, et Emilio, à défendre aussi l'idée que je me faisais moi de la littérature et qui n'est certainement pas celle de ma mère.

– Je n'ai pas le droit de supprimer quoi que ce soit, ai-je dit à ma mère.

– Et pourquoi ça ?

– Parce que ce texte n'est pas de moi, maman !

– Tu veux dire que cette histoire t'est tombée du ciel, que c'est un livre d'inspiration divine ? Je n'aime pas que tu me prennes pour une idiote, Henri.

– Il n'est pas tombé du ciel, il est arrivé par la poste, chez Anaïs de La Houlette qui me l'a donné à traduire.

– Je suis d'accord pour le style épistolaire, la lettre venue d'Amérique, c'est une très bonne astuce, et d'ailleurs cela s'inscrit parfaitement dans la tradition française du roman, mais si tout à coup ça vire au style sud-américain, avec ces histoires pseudo-oniriques, etc., si tout à coup on n'arrive plus à y croire, que reste-t-il de l'histoire ? Une misérable provocation. D'ailleurs, même en Amérique du Sud une grand-mère ne ferait jamais ça.

– Pourquoi pas, si c'est pour sauver la vie de son petit-fils ?

– Allons donc !

– Si toi tu devais le faire pour me sauver la vie, tu ne le ferais pas ?

– La question n'est pas là, Henri, nous sommes dans un roman, et je ne vois pas en quoi ce détail peut intéresser les gens, elle n'a qu'à le sauver autrement. D'ailleurs je ne crois pas qu'on puisse sauver qui que ce soit de cette façon.

– Eh bien, justement, Emilio l'explique très bien dans sa lettre : c'est scientifique, c'est à cause de l'ammoniac.

– Quel ammoniac ?

– Dans l'urine il y a de l'ammoniac.

« Il vaut toujours mieux lire les livres jusqu'au bout, ai-je pensé. Tous ces gens qui ont dit tellement de mal des livres de papa, ils ne les ont même pas finis, ce sont des ânes, ils s'arrêtent sur un détail et commencent à pousser des cris parce que la grand-mère a pissé sur la figure de son petit-fils. Ils refusent de voir plus loin que l'apparence de ce geste, ils se croient très distingués parce que le pipi ça les dégoûte, mais le jour où ils seront dans un cas pareil, seul, avec leur petit-fils évanoui et qu'il faudra le tirer de là à tout prix, le réveiller avant qu'il ne plonge dans un coma plus profond, eh bien ils ne sauront rien faire parce qu'ils auront eu peur de lire un livre avec le mot pisse. Leur petit-fils glissera inexorablement dans un coma irréversible sans qu'ils aient pu le secourir. Ils seront alors bien avancés avec leur pudeur, leur prétendue estime de la littérature. »

– Je vais te lire la suite, ai-je dit à ma mère. Écoute-moi seulement deux minutes.

Elle a baissé la tête, elle s'est réinstallée au fond de mes coussins, et elle m'a écouté en se mordant l'intérieur des joues.

C'est pour l'ammoniac, expliquait Emilio dans sa lettre, *il paraît qu'il y a de l'ammoniac dans l'urine et qu'il n'y a rien de mieux pour réveiller les gens évanouis. Je ne sais pas si c'est vrai, mais en tout cas, Justo a tout de suite réagi. Nanou s'est empressée de lui nettoyer le visage avec son mouchoir avant qu'il se rende compte de ce qui lui était arrivé, mais je crois quand même qu'il en a pris un peu dans le nez et qu'il a trouvé ça bizarre, comme goût.*

Je n'ai pas pu m'empêcher de rire. Et au bout d'un moment, Nanou aussi, en me voyant tout tordu de rire, elle s'y est mise.

– Quelle misère ! Quelle misère ! disait-elle en riant aux éclats.

C'est devenu nerveux, elle n'arrivait plus à se retenir, ses larmes ont commencé à couler. « Quelle misère, quelle misère », disait-elle toujours en montrant la maison, les ruines, et puis Justo, les pauvres jambes de Justo, et à force de répéter ça elle s'est mise à éprouver du désespoir, à pleurer de vraies larmes de tristesse en appelant le bon Dieu, lui montrant la maison et demandant pourquoi tant de malheurs s'étaient abattus sur nous.

C'est Justo qui souffrait le martyre à cause de ses jambes, mais c'est elle qui pleurait à sa place, et mon cousin était tellement impressionné par les larmes de Nanou qu'il en oubliait de pleurer lui-même, et c'était bien une forme de soulagement.

Mon oncle Antonio est arrivé. Il avait essayé de ramener la voiture plus près, mais la rue était bloquée, il fallait donc qu'on porte mon cousin jusque là-haut. Marta était restée dans la voiture pour la garder, elle nous attendait.

La voiture de mon oncle était du genre très vieille et pas très sûre, souvent en panne, immobilisée au garage. Mon oncle voulait toujours nous emmener à la plage dans sa voiture mais on n'y arrivait jamais : soit elle refusait de démarrer, soit elle tombait en panne à deux kilomètres de la mer. Il fallait alors continuer à pied, et le soir, en revenant, il fallait pousser la voiture pour la faire démarrer, mais la plupart du temps on restait là, mon oncle Antonio s'endormait sur la banquette à cause des bouteilles de bière qu'il avait bues à la plage et on attendait le lendemain matin qu'un camion accepte de nous remorquer.

Je nous voyais donc mal embarqués dans cette voiture pour conduire Justo à l'hôpital, mais on n'avait pas le choix, il fallait tout tenter.

On a commencé à soulever Justo pour le mettre sur un brancard. En voyant les jambes de son fils fixées aux deux planches de bois, mon oncle a demandé qui avait fait ça. Il m'a regardé en pensant que c'était moi. Il me croyait sans doute capable de tous les miracles depuis que j'avais sauvé Justo.

– J'ai trouvé un docteur, lui ai-je dit.

Mais ça, il n'a pas voulu le croire, c'était une chose complètement impossible de trouver un docteur, même à l'état normal, quand il n'y avait pas de tremblement de terre, il fallait des jours pour faire venir un docteur, il fallait supplier et dépenser une fortune, alors là, dans ces conditions catastrophiques, il avait beau me croire capable de tous les miracles depuis que j'avais sauvé Justo, et lui-

même, ça, cette histoire de docteur soignant les jambes de Justo il n'a jamais voulu l'avaler. Encore aujourd'hui, il continue de penser que c'est moi qui ai remis les jambes de mon cousin à l'endroit, parce que si j'ai vraiment réussi à trouver un docteur, dit-il, je ne suis plus seulement un héros qui sauve les gens, je suis carrément un saint, un Jésus-Christ ressuscité, dit-il, et il n'aime pas cette idée, car il déteste Dieu et toute la famille de Dieu, depuis le Fils, la Vierge, et tous les apôtres, il ne veut pas en entendre parler.

À son avis, la vérité, c'est que j'ai la vocation de sauver les gens, de les soigner, de leur redresser les jambes en moins de deux. Il le dit à tout le monde, à tous ceux qui boivent de la bière avec lui, il leur a déjà annoncé que je serai médecin, et tous m'appellent Doctorcito, petit docteur.

Mais je reviens à notre histoire : il a fallu s'occuper de Justo. Pour faire le brancard, on avait trouvé une couverture, mon oncle la tenait d'un côté, moi et Nanou de l'autre, et on a transporté Justo jusqu'en haut de la rue, il fallait se frayer un chemin parmi les blessés, les gens qui pleuraient, on a dû enjamber les poteaux électriques, les réverbères, passer par-dessus les trous, grimper sur les tas de gravats, et aussi les morts.

Quand on est arrivés en haut de la rue, on a vu Marta qui levait les bras au ciel et qui tournait autour de la voiture, complètement affolée.

On s'est avancés, on ne comprenait pas, mais quand on a voulu installer Justo dans la voiture on s'est rendu compte qu'il y avait déjà une femme à l'intérieur. Elle était montée de force et Marta n'avait pas pu la repousser. Ma tante s'était trouvée désarmée à cause du petit bébé que la femme portait dans ses bras.

La femme disait que son enfant allait mourir, qu'il était blessé, elle pleurait, elle tremblait comme une misérable, blottie au fond de la banquette arrière. Cependant, mon oncle ne s'est pas laissé attendrir, il a pris la femme et l'a tirée dehors.

– Qu'est-ce qu'il a, ton bébé, a-t-il dit, fais voir. Où est-ce qu'il est blessé ?

La femme s'est mise à hurler, elle n'a pas voulu montrer les blessures de son enfant, tout simplement parce qu'il n'en avait aucune, elle voulait seulement partir loin d'ici, n'importe où, elle s'imaginait qu'ailleurs c'était mieux, que c'était ici le pire, le plus horrible, le centre de la catastrophe, et d'ailleurs on était tous persuadés de ça, c'est pourquoi on courait, on fuyait, et ceux qui n'étaient pas retenus par des blessés, ceux qui n'avaient derrière eux que des morts, ils ne pensaient qu'à une chose : s'enfuir le plus loin possible.

En réalité, notre rue n'était pas du tout le centre du tremblement de terre, des choses beaucoup plus graves s'étaient passées ailleurs, beaucoup plus de morts, de destructions, et le pire, ce que personne ne pouvait imaginer, c'est que la grande secousse qui allait ravager notre pays ne s'était pas encore produite. Ce que nous venions de subir n'était qu'une alerte, un coup de semonce. La suite allait être incomparablement plus terrible.

À cet instant, au moment où Emilio allait entamer la partie la plus émouvante de son récit, la sonnerie de l'entrée a retenti dans notre appartement parisien de la rue Charles-Baudelaire.

– C'est sûrement ton père, a dit ma mère en se relevant du lit, il a dû oublier ses clés.

Mais ce n'était pas mon père. C'était Denise. Denise sur ses grands chevaux.

– Je sais que tu es là, Henri, a-t-elle hurlé, je sais ce que tu es en train de faire! Je ne suis pas d'accord. Y en a marre!

Elle a traversé le couloir en une demi-seconde, j'ai tout juste eu le temps de ramasser les feuilles d'Emilio avant qu'elle entre dans ma chambre, elle s'est jetée sur moi, mais j'étais déjà sur la table, tandis que ma mère se faufilait le long du mur.

– Je vais aller vous chercher du Coca-Cola, a-t-elle dit en s'enfuyant comme une souris.

Denise s'est mise à tourner autour de la table en sautant pour attraper mes feuilles.

– Tu as recommencé à écrire des trucs sur moi, dit-elle. Donne-moi ça tout de suite !

Si elle était arrivée à s'emparer de la lettre d'Emilio, elle en aurait fait de la bouillie, ou alors elle l'aurait mise au feu, je ne sais pas, mais en tous les cas elle l'aurait détruite sans même la lire, c'est certain.

Denise est la seule fille que j'aie jamais aimée, vraiment aimée, on s'est connus quand on avait huit ans, parce qu'on était voisins. On a fait les quatre cents coups, on s'est embrassés, on s'est écrit des lettres, on a passé des nuits blanches, bleues, à la belle étoile, on a dormi ensemble dans les terrains vagues, on est descendus dans les égouts de Paris, on a fait de l'alpinisme dans la forêt de Fontainebleau, et chaque fois, avec ces aventures, j'ai écrit un petit livre où j'ai parlé d'elle de façon adorable, j'ai raconté son parfum, ses grains de beauté, j'ai montré que je la connaissais par cœur, que je l'aimais et que personne ne pourrait l'aimer autant, ce que personne ne me dispute d'ailleurs car c'est une fille redoutable, invivable, aucun garçon ne la supporterait plus d'une journée, je suis son unique adorateur, elle le sait, mais des fois, malgré tout, elle en a marre de moi, elle veut tout casser entre nous, effacer mes livres, déchirer mes lettres pleines de promesses, elle trouve qu'on est ensemble depuis déjà trop longtemps, que c'est une prison, elle commence à me détester, et puis ça y est elle me déteste tout à fait, elle ne veut plus jamais me voir. D'ailleurs ça tombe bien, parce que moi aussi je craque, je n'en peux plus, moi aussi je la déteste. Je la trouve fatigante avec ses parents écologistes, avec son parfum au myosotis, je trouve qu'elle devrait changer de parfum de temps en temps, qu'elle en met trop. Et même dans ses baisers je trouve qu'elle met trop de salive. Bref, je ne l'aime plus. On reste sans se parler pendant des fois une semaine, mais au bout d'une semaine on trouve un prétexte pour se revoir, se parler, on se frôle par inadvertance, en entrant dans la classe, ou en sortant, et on s'excuse, pardon, c'est pas grave, c'est gentil de dire pardon, tu vois, moi je ne t'en veux pas, moi non plus, alors c'est bête, j'ai des places gratuites pour aller voir Terence Trent d'Arby demain soir, c'est super, elle m'embrasse dans un élan de joie et voilà.

Voilà comment ça se passe d'habitude entre moi et Denise, mais là, en voyant sa fureur, son acharnement de tigresse à vouloir attraper mes feuilles, j'ai eu peur de la perdre pour de bon.

– Ce ne sont pas des choses sur toi, Denise, tu te trompes.

– Si ! a-t-elle rugi. Je sais que tu as déjà écrit la scène de la cour de l'école, quand je t'ai giflé. C'est comme si je l'avais lue : je dois être la pauvre fille moche et jalouse, ce genre de fille avec quoi tu crois faire rire tout le monde. Dès que tu veux faire du mal à quelqu'un, tu écris sur lui.

– Quand je veux faire du bien aussi.

– Mais tu n'as pas autre chose à faire qu'écrire ?

– Je suis écrivain, ai-je dit à Denise, c'est comme ça.

– Non ! ce n'est pas comme ça, parce que tu n'écris que ce qui t'arrange. C'est trop facile.

– Personne ne t'empêche d'écrire.

– Si tu crois que j'ai que ça à faire ! Je ne suis pas super protégée par mes parents, moi. Je n'ai pas un père toujours à me dorloter : « Oh comme il écrit bien ! Cha va faire un très-très bon livre, cha. Il ne faut churtout pas le déranger dans chon écriture. »

Mon père ne cheucheute pas comme ça, je ne sais pas pourquoi elle essayait de le ridiculiser de cette manière, mais c'était vexant, injuste, et en plus elle jouait très mal. Je m'apprêtais à lui répondre lorsque ma mère est apparue dans l'encadrement de la porte, dressée sur ses ergots.

– Si je peux me permettre, a-t-elle dit à Denise, le père d'Henri n'est pas seul à décider de l'éducation de son fils, j'ai voix au chapitre moi aussi, et je peux t'assurer une chose, ma petite Denise : Henri n'est pas un enfant gâté, certainement moins gâté que d'autres qui se prennent pour des martyrs.

– Je ne suis pas votre petite Denise, a crié Denise, hors d'elle.

Et d'un seul bond elle est allée lui claquer la porte au nez.

– Voilà ce qui arrive à force d'étaler notre vie devant le monde entier !

– Ma mère utilise le mot « déballer », ai-je dit à Denise. Vous devriez faire un club de femmes maltraitées par mes livres.

Au paroxysme de sa rage, Denise est alors montée sur la chaise dans l'intention d'atteindre mon bureau et de m'arracher les feuilles, mais tout de suite je l'ai repoussée avec mon pied et elle est tombée par terre en se faisant assez mal aux côtes.

Quand elle s'est relevée, son nez pissait le sang, elle en avait partout. Comme elle n'était plus en état de se battre, elle a commencé à gémir, à paniquer. Je lui ai dit de mettre la tête en arrière, j'ai appelé ma mère qui était restée derrière la porte à nous écouter et qui est entrée immédiatement, donnant tout de suite des ordres :

– Du coton, vite, il faut qu'elle s'allonge.

On a installé Denise sur mon lit, on l'a bourrée de coton, et après je lui ai pris la main gentiment, elle a tourné la tête, m'a adressé un regard à moitié tendre, et puis complètement tendre, j'ai embrassé sa main, elle m'a souri, on a ouvert la bouche en même temps, comme pour parler, mais on s'est retenus pour laisser à l'autre le plaisir de le dire en premier, et finalement on n'a rien dit, on a trouvé ça bête et on a seulement rigolé.

Ma mère nous a alors proposé du Coca, mais pour de bon cette fois, et on a dit d'accord.

J'ai montré à Denise la lettre d'Emilio afin de dissiper tous ses soupçons. Elle a presque demandé pardon, elle a eu un regard, un battement de cils qui demandait pardon. Et moi j'ai eu un geste sur sa joue qui voulait dire que tout était oublié.

La vie est facile pour nous, on se chamaille, on se donne des petits coups qui nous font saigner du nez, et en deux minutes c'est terminé, on n'y pense plus, tandis que là-bas, en Amérique du Sud, c'est autre chose. J'étais bien à l'aise en tenant Denise dans mes bras et en même temps je me sentais un peu honteux. Il me fallait trouver un moyen pour rester auprès d'elle et en même temps retourner avec Emilio.

– Si tu veux, tu peux traduire la lettre avec moi, lui ai-je dit.

Elle a été enchantée.

– Mettons-nous tout de suite au travail, a-t-elle dit, mais avant ça, promets-moi que tu n'en feras pas un livre.

– Je te le promets, ai-je dit.

Et à ce moment-là, j'étais sincère, c'était une promesse du fond du cœur, sans réfléchir aux conséquences, simplement parce que je voulais faire plaisir à la fille qui était là, avec son coton dans le nez, et que j'aimais.

– Je te le promets, Denise, je te le jure.

Voilà ce que j'avais dit en oubliant complètement Anaïs, en oubliant à quel point elle était attachée au livre de mon père, *Le secret d'État aux yeux verts* qui avait changé sa vie, embelli sa vie, disait-elle, ce livre qui l'avait rendue heureuse, amoureuse. «Car au milieu de toutes les richesses qui m'entourent, disait-elle, ce livre est le plus beau cadeau qu'on m'ait jamais fait, sans lui mon amour pour Emilio se serait envolé à jamais», répétait-elle à qui mieux mieux. «Ton père est en fait l'écrivain de ma vie, m'avait-elle dit un soir à voix basse, il est le seul à m'avoir bien comprise.» Voilà ce qu'Anaïs m'avait dit et que j'avais complètement oublié dans les bras de Denise, en lui faisant cette promesse insensée de ne pas en faire un livre.

Ma mère est arrivée avec les verres de Coca et on a bu, on s'est fait des sourires, Denise a laissé ma mère prendre sa main et toutes les deux se sont préparées à écouter la suite de la lettre d'Emilio:

Habíamos instalado a Justo en el coche, pero la carretera para ir al hospital de Rademaker estaba llena de hoyos.

Nous avons installé Justo dans la voiture, mais la route de l'hôpital était complètement défoncée.

C'est à ce moment-là que mon père est rentré de son travail. Nous l'avons entendu siffloter dans le couloir, poser son cartable, accrocher son pardessus, puis il a appelé ma mère :

– J'ai une nouvelle extraordinaire, a-t-il dit.

Il est allé dans la cuisine, il a pris une bière dans le frigo.

– Un coup de fil incroyable de Georges Alexandre de La Houlette, a-t-il dit... Tu m'entends ?

Il est sorti de la cuisine pour aller dans la chambre.

– Tu n'es pas là ?

Il a traversé le salon en appelant ma mère. On était là tous les trois à se regarder, on attendait le moment inéluctable où mon père finirait par frapper à la porte de ma chambre. Ce qu'il a fait.

– Entrez, ai-je dit d'un ton morne.

Il a été surpris de nous voir là tous les trois, mais ça ne l'a pas démonté, il fallait qu'il annonce sa nouvelle incroyable à quelqu'un.

– Figurez-vous que Georges Alexandre de La Houlette m'a téléphoné ce matin pour me dire que sa fille Anaïs venait de recevoir une lettre des îles Rademaker ! Une lettre d'Emilio, le secret d'État. Bon sang ! je donnerais cher pour savoir ce qu'il y a dedans. Vous vous rendez compte : deux ans et demi après !

Comme nous restions sans réaction, mon père a commencé à se poser des questions, il nous a vus tous les trois dans cette chambre, un verre de Coca à la main, Denise avec du coton dans le nez, et moi avec le paquet de feuilles à la main. Alors, comme il n'est pas idiot, il a compris que la lettre des îles Rademaker, celle dont il parlait à l'instant et qu'il aurait tant aimé lire, était là.

Il a eu un large sourire, et tout de suite il m'a demandé combien de pages ça ferait.

– Est-ce que c'est un gros Mouche ou un petit Neuf?

– Rien du tout, ai-je dit, ce n'est pas un livre pour enfants.

Il a d'abord cru que je voulais changer d'éditeur, j'ai vu passer dans ses yeux une vague de panique, il a pensé à Mme Brisenoisette, le chagrin que ça lui ferait, mais très vite il a lu sur mon visage que la question n'était pas là : je ne voulais réellement pas en faire un livre, ni pour enfants ni pour personne, car c'était pour moi une affaire trop intime, trop grave.

– Tu as raison, a-t-il dit, il ne faut pas tout éditer systématiquement. Et puis il n'est pas certain que cette histoire de tremblement de terre intéresse beaucoup les enfants.

– Comment sais-tu qu'il s'agit d'un tremblement de terre ? s'est écriée ma mère.

– Nous savons tous qu'il y a eu un tremblement de terre sur les îles Rademaker, a répondu mon père en souriant.

– Nous savons tous que les îles Rademaker n'existent pas ! a-t-elle crié.

Mon père a voulu dédramatiser la situation, il est venu vers moi, il a posé son bras sur mes épaules, et il a commencé à nous parler comme à des enfants de CE2 :

– Il y a des gens qui pensent que les îles Rademaker n'existent pas, a-t-il dit, et d'autres qui pensent le contraire. Tout comme il y a des gens qui pensent que Dieu existe et d'autres, pas. Pour nous les écrivains, a-t-il dit en me serrant plus fort comme si on était Boileau et Narcejac, peu importe de savoir qui a raison, qui a tort, l'essentiel à nos yeux c'est la discussion, et des fois les bagarres entre ceux qui pensent que les îles Rademaker n'existent pas et ceux qui pensent le contraire, c'est ainsi que naissent les livres.

– Vous êtes obsédés par l'idée de faire des livres sur tout ce qui bouge, a dit Denise, avouez que c'est fatigant pour ceux qui vivent avec vous, on se sent perpétuellement surveillé, on ne peut plus faire un geste, dire une parole sans se demander comment ça va sortir dans le livre. Et en plus vous mettez les vrais noms.

J'ai senti mon père se raidir, il a pris sa respiration pour répondre à Denise, et en fait ce n'était pas seulement à Denise qu'il voulait répondre mais à tous ses détracteurs, ses accusateurs de toujours. J'ai vu qu'il s'apprêtait à faire encore un de ses grands discours ennuyeux sur le rôle de la littérature dans la vie.

– Attends, papa, ne dis rien. Lis d'abord ça, lui ai-je demandé en lui donnant la lettre d'Emilio.

Il s'est mis à lire, et dès les premières lignes sa bouche pleine de grandes phrases s'est refermée. Il a parcouru le début en quelques minutes, il se léchait les babines, ça lui plaisait, l'histoire de la porte coincée, le cousin sous les gravats, les jambes cassées, tout, il a écarquillé les yeux au moment du pipi de la grand-mère, et il est arrivé jusqu'à la voiture de l'oncle, et la femme avec son bébé :

– Nous avons installé Justo dans la voiture, mais la route pour se rendre à l'hôpital de Rademaker était pleine de trous.

Mon père parle assez bien espagnol, sans doute un peu mieux que moi, mais j'avais déjà écrit : « La route de l'hôpital était complètement défoncée » et il me semblait que c'était mieux, plus juste que « pleine de trous ». Je me suis demandé si je devais changer cette phrase, prendre la version de mon père, et puis j'ai pensé que cela n'avait aucune importance, vraiment aucune. Je me demande si c'est ça que les professeurs appellent le style, c'est une question que je me pose souvent, chaque fois que j'entends parler de style je me demande ce que c'est, et là, devant la phrase de mon père et la mienne, je me suis dit : « Si c'est ça le style, choisir telle phrase plutôt que telle autre, si c'est là-dessus qu'il faut se battre pendant des heures pour défendre son style, je préfère ne pas en avoir, rester un écrivain sans aucun style, mais être là, dans la voiture de l'oncle d'Emilio, avec son cousin Justo et ses deux jambes cassées, je veux seulement savoir ce qui va se passer, est-ce qu'ils vont arriver à l'hôpital, est-ce que la terre va se remettre à trembler comme il l'a dit, je veux le savoir le plus vite possible, sans m'arrêter une seconde sur le style. »

J'ai repris mon stylo, prêt à écrire sous la dictée de mon père, prêt à entendre la suite, la seconde secousse. Mais bien sûr, comme tous les écrivains qui annoncent quelque chose, Emilio savait prendre son temps. Sans le vouloir, simplement guidé par sa plume, par son envie de parler à Anaïs, il se mettait en plein milieu du tremblement de terre à raconter sa vie. Il faisait monter la tension, le suspens, je ne crois pas que c'était du style, je suis sûr que non, c'était naturel, c'était sa façon de voir les choses, de les penser, et c'était en même temps, à mon avis, une sacrée leçon de littérature.

On a installé Justo dans la voiture, écrivait Emilio, *mais la route de l'hôpital était complètement défoncée, gondolée, et en t'écrivant, Anaïs, en repensant à ce voyage en voiture à travers la ville, je frémis de peur, je regarde le ciel et je remercie le bon Dieu de son aide et de nous avoir protégés au milieu de ce chaos. C'est comme si nous avions été transportés sur un fil au-dessus d'un précipice, nous avons glissé ainsi dans la nuit sur des kilomètres, à la merci de la Providence, la voiture grinçait, valsait, sautait sur les pierres, s'enfonçait dans les trous, Justo criait et puis s'évanouissait, se réveillait, il n'avait plus de larmes pour pleurer. J'étais à l'arrière avec lui, j'essayais de lui parler, je disais à mon oncle d'aller doucement mais il ne répondait pas, il donnait des coups de klaxon, c'est tout, et il sortait le bras par la portière pour faire clignotant, pour dire aux gens de s'écarter, il passait même la tête, et des fois jusqu'à la moitié du corps pour crier après ceux qui nous barraient le passage.*

On n'y voyait pas très bien, car tous les lampadaires des rues s'étaient écroulés comme des quilles, nous bloquant parfois la route, il fallait prendre de l'élan et rouler dessus, ça faisait un choc, c'était terrible.

Le plus dur c'était d'empêcher les enfants de monter sur les garde-boue, et puis ne pas s'attendrir sur tous ceux qui nous suppliaient de les prendre avec eux pour les emmener le plus loin possible. Ils ne savaient pas où on allait, mais comme je te l'ai dit les gens n'avaient qu'une obsession : s'enfuir, courir, grimper dans n'importe quel véhicule, même s'il était en route pour l'enfer... Or, nous étions en route pour l'enfer, Anaïs. Dieu me pardonne, car je crois que c'est un blasphème de dire qu'on a vu l'enfer, mais je ne peux pas t'en parler autrement. Nous avons roulé pendant un quart d'heure, peut-être plus, mon oncle soutenait la voiture avec des mots tendres, il l'appelait « ma douce », « ma belle », « ma bravette », il avait peur qu'elle tombe en panne comme d'habitude, mais je crois qu'elle était trop secouée et que ça l'empêchait de faire des caprices, ça la rendait brave comme une jument, comme si elle avait voulu elle aussi sauver Justo et le conduire à l'hôpital au plus vite.

On est arrivés sur la grande avenue des séquoias, le quartier riche. C'était calme, la route n'était presque pas touchée, les maisons non plus, les gens étaient dehors, inquiets, mais il n'y avait pas ces scènes désespérantes avec les blessés, les femmes qui hurlent, au contraire il y avait le silence, l'immobilité, tous les gens attendaient.

J'espère que tu te souviens de cette belle avenue des séquoias, celle que tu prenais pour aller à l'école, l'ambassade de France était juste là, avec ses jardins, ses fontaines, et l'ambassade d'Angleterre, les banques américaines... Quand on est arrivés rien n'avait été atteint par le séisme, les séquoias avaient tenu bon, avec leur immensité, leurs racines tellement profondes, ils avaient réussi à tenir la terre et à préserver toutes les belles maisons de la ville, les jardins, comme si la beauté avait été plus forte que tout.

C'était rassurant de voir ça, Justo lui-même s'est arrêté de crier, demandant pourquoi la voiture n'avançait plus tellement ça lui paraissait calme.

– La voiture avance, au contraire, lui ai-je dit, on va

plus vite que jamais, on sera bientôt arrivés à l'hôpital, ne bouge pas. Là-bas ils vont te soigner, ils vont t'endormir et tu ne sentiras plus rien. Tu verras.

On est arrivés au bout de l'avenue, on a vu l'hôpital sur sa petite colline, il y avait des ambulances tout autour qui clignotaient, et puis il y avait le ciel, toujours aussi rouge, encore plus lumineux, bizarre, on aurait dû se réjouir en voyant l'hôpital, là, à deux minutes, mais quelque chose nous empêchait d'éprouver le moindre soulagement. Mon oncle a stoppé la voiture, sans raison. Justo ne comprenait pas, il s'agitait sur la banquette en demandant ce qui se passait.

Rien. Il ne se passait rien, simplement quelque chose d'énorme, un écrasement de l'air, on s'est sentis pris entre le ciel de plus en plus rouge, trouble, chargé, et la terre qui, de façon incompréhensible mais de plus en plus évidente, se soulevait, et s'est mise de nouveau à gronder. Ce coup-ci, on comprenait que le ciel et la terre s'étaient mis d'accord pour nous écraser, d'abord nous priver d'air, et puis nous aplatir, nous broyer. C'est ça que j'appelle l'enfer, le début de l'enfer.

Mon oncle Antonio n'a pas voulu qu'on sorte de la voiture, il nous a demandé de prier. Nanou ne pleurait plus, elle n'en avait plus la force, je crois que la peur avait fini par l'empoisonner, elle était comme droguée. Elle se tenait à côté de tante Marta et toutes les deux bredouillaient des prières.

Moi-même je n'ai pas eu l'idée de sortir de la voiture, j'étais découragé, j'ai pris la main de Justo et je me suis résigné à mourir.

La première secousse que nous avions subie n'était rien en comparaison de ce qui se passait maintenant.

Je ne tiens pas du tout à te faire pleurer, Anaïs, ce que je veux te dire c'est ceci : peu importe les arbres, les séquoias de cent cinquante mètres de haut qui s'écroulaient derrière nous, peu importe les maisons qui volaient en éclats, la route qui se pliait, se déchirait, peu importe même le spectacle horrible de cet hôpital avec ces blessés qui venaient d'arriver, les parents, les médecins, les bébés qui venaient de naître, et les infirmières, les brancardiers, tous ces gens qui étaient là pour sauver des gens, les soigner, et qui se sont retrouvés piégés sous l'effondrement des murs, les six étages de l'hôpital qui se sont raplatis les uns sur les autres, peu importe ces centaines de morts et tous ces vivants qu'on a imaginés sous les décombres, cette image de cauchemar, peu importe, le plus fort, Anaïs, c'est la sensation, durant les quelques secondes du séisme, que la terre s'était décrochée, qu'elle allait se perdre dans le cosmos, sans espoir de retour.

J'ai eu à cet instant la révélation d'être sur une pla-

nète fragile, c'est ça que je veux te dire, une petite boule de terre suspendue, à tout moment pulvérisable, et je crois que c'est à cause de ça qu'aujourd'hui je suis un individu à part, et sans doute que tous les survivants du tremblement de terre se sentent des individus à part, je ne sais pas, je ne parle pas beaucoup avec eux, mais moi, c'est comme si j'étais devenu un Terrien au sens cosmique.

Je redoute d'écrire ce que je vais écrire à présent, mais tant pis, je te le dis à toi parce que tu es la fille la plus intelligente que j'aie jamais rencontrée, la seule personne que je connaisse qui soit capable, j'espère, de comprendre ça. Si tu me rejettes avec dégoût après ce que tu auras lu, tant pis, je me serai trompé sur toute la ligne, la honte et la solitude retomberont sur moi comme la poussière des volcans, mais je ne peux pas rester muet, je dois sortir de mon cœur cette vérité, sinon elle finira par m'étouffer. Alors voilà, je te le dis : malgré toutes les destructions que j'ai vues, les malheurs, les morts, malgré l'hôpital, les plaintes qui sont montées de la colline et que j'entends encore, malgré tout ce qui me poursuivra, qui est gravé dans ma mémoire comme le moment le plus terrible de ma vie, je donnerais tout ce que j'ai pour revivre ces quelques secondes de tremblement de terre, car en vérité ce fut le moment le plus merveilleux qu'il m'ait été donné de vivre.

Souviens-toi du jour où nous nous sommes embrassés,

là, à quelques mètres de l'endroit où je t'écris actuellement, sur cette piste d'aéroport, juste avant que tu disparaisses : ça n'a pas duré longtemps, mais c'était un moment d'amour comme nous ne le ressentirons peut-être plus jamais, car à cet instant l'amour était comme une chose réelle, saisissable, il était dans notre baiser comme un grain de raisin pelé qu'on fait rouler dans la bouche et dont le goût nous semble impérissable. Souviens-toi, il n'y avait plus de conséquences, plus de tristesse, c'était seulement le baiser, eh bien durant les quelques secondes du séisme, c'était pareil, je n'ai plus ressenti ni douleur ni chagrin envers rien ni personne, je ne me souciais plus de savoir si j'allais mourir ou pas, car il y avait quelque chose de plus fort : j'étais soulevé vers le ciel et pour la première fois je sentais que ma vie avait sa place à l'intérieur de la vie totale, celle de l'Univers, comme dans ton cœur, au cours de ce baiser sur la piste de l'aéroport, j'y avais droit parce que c'était ma place, mon amour, rien de plus.

« Quel dragueur », a dit mon père.

Il se tenait debout, les feuilles à la main, il arpentait la chambre à la manière des instituteurs faisant la dictée, il était sûr de lui, souriant. Je n'ai pas du tout apprécié cette réflexion à propos d'Emilio, je l'ai trouvée indécente, déplacée. D'une manière générale je déteste les gens qui ne prennent pas les histoires d'amour au sérieux. J'avais envie de lui arracher la lettre des mains et de continuer seul, mais il a dû sentir ma désapprobation et il a très vite enchaîné :

Nous sommes restés dans la voiture, écrivait Emilio, *et c'est ce qui nous a sauvés, des branches d'arbres ont écrasé le capot, brisé les vitres, des morceaux de béton sont tombés sur le toit, à plusieurs reprises les mouvements du sol ont failli nous renverser, mais chaque fois, comme dans un bateau, on s'est mis de côté pour faire contrepoids, et finalement, au bout de cinq minutes, on s'est rendu compte qu'on était vivants.*

Aussitôt après on s'est sentis pris d'une fatigue immense et on s'est endormis.

Le jour s'est levé, sans soleil. L'étendue du désastre ne nous est pas apparue tout de suite car il n'arrêtait pas de pleuvoir. Il était impossible de sortir de la voiture tellement la pluie était forte, on est restés comme ça plusieurs heures, coincés, à attendre la fin du déluge. Plus personne ne priait, on se regardait mais sans se parler, on s'attendait à ce que le flot nous emporte, que la mer s'ouvre et engloutisse les îles Rademaker une fois pour toutes, mais vers midi, la pluie a brusquement cessé. Elle avait formé des torrents de boue jaune et grise qui emportaient tout, faisant le travail des fossoyeurs. On voyait passer les cadavres, les morceaux de maisons, les arbres entiers, tout partait, glissait et disparaissait à jamais vers l'océan. Le plus pénible c'étaient les animaux, non pas ceux qui étaient morts et que les flots emportaient le ventre à l'air, mais ceux qui étaient encore vivants, les chiens, les petits chats, ceux qui avaient réussi à s'accrocher à une épave flottante, une branche d'arbre ou une porte de réfrigérateur, et qui s'en allaient comme ça, tout trempés, ahuris, sans qu'on puisse rien faire pour les secourir.

L'eau est devenue notre ennemie. Tout ce que le tremblement de terre n'avait pas encore détruit, c'étaient maintenant l'eau, la pluie, les tornades, les inondations qui l'arrachaient. Il n'y avait plus de quartier riche ou pauvre, c'était le même désastre partout, la même terre éventrée, et les mêmes gens hagards, endeuillés.

Quand le ciel s'est dégagé au-dessus de la colline, on a vu l'hôpital, on a vu ce monticule de ruines sous lequel on aurait dû mourir. On ne savait plus très bien si on était morts ou vivants, on regardait ça comme des fantômes devant leur tombe, cette énorme tombe de plusieurs centaines de cadavres écrasés, brûlés, noyés, toutes les morts possibles de l'enfer, et maintenant le rayon de soleil, hideux, le sourire du diable qui venait éclairer le sommet de cette colline, c'était au-delà de la pitié ou du dégoût, au-delà de la peur, on ne pensait même pas aux circonstances qui nous avaient empêchés de nous trouver là, sous ces décombres : la voiture de mon oncle qui n'avait pas avancé très vite, la femme qui nous avait retardés avec son bébé faussement malade, on n'y pensait pas, on regardait l'hôpital et notre esprit était suspendu dans le vide, dans l'indifférence.

Il s'est mis rapidement à faire très chaud. On a marché mon oncle et moi à la recherche d'un peu d'eau pour Justo qui se plaignait de la soif. Ses jambes avaient gonflé considérablement, il avait la fièvre. Nanou lui essuyait le front avec son mouchoir, toujours le même mouchoir, mais ça n'étonnait personne, ça n'avait plus d'importance, c'est comme cette tache que j'ai remarquée sur le pantalon de mon oncle, on voyait bien qu'il s'était pissé dessus, pissé de peur certainement, mais ça ne venait à l'esprit de personne de pousser des cris d'horreur, encore moins de rigoler, c'était dans la nature de l'homme que d'avoir peur et d'en pisser dans son froc, même le plus courageux, car mon oncle, s'il ne s'était pas montré à son avantage à l'intérieur de la maison, par la suite, en allant chercher la voiture, en décidant de partir, et durant toute notre traversée de la ville en voiture, avait fait preuve d'un courage irréprochable.

Nous n'avons pas trouvé d'eau pour Justo, mais par chance une noix de coco intacte que nous avons brisée. Justo a pu boire et se nourrir un peu. Nous aussi. Les gens commençaient à apparaître, les rescapés, ils n'avaient pas cette expression d'affolement, de terreur comme après la première secousse : leurs visages n'étaient plus si tourmentés, ils étaient lisses, vaincus, ils ne couraient pas, et quand ils marchaient c'était lent, mécanique, ils n'avaient plus de raison d'aller ici ou là, et finalement ils s'asseyaient, ils regardaient le ciel, au loin, dans le vague, ils avaient parfois un sanglot mais ça s'arrêtait très vite, par manque de force, ils se ressemblaient, comme s'ils venaient tous de la même tribu, et nous aussi on devait avoir ce visage gris, tombant, triste, c'était le peuple de la tristesse infinie.

Je ne sais pas combien de temps nous aurions pu rester ainsi, prostrés, le geste inutile, le cœur plus que brisé, éteint. Je me demande si on aurait eu la force un jour de se relever, d'ouvrir la bouche pour parler, et en vérité je ne le crois pas, je pense que nous aurions continué ainsi à nous glisser dans la torpeur et l'abandon, nous fondre dans le désastre, voilà ce qui nous attendait si les avions américains n'étaient pas arrivés, s'ils n'étaient pas passés et repassés dix fois au-dessus de nos têtes pour nous ranimer.

Ils sont arrivés du nord, argentés par le soleil couchant, une dizaine de lents et lourds cargos. En d'autres circonstances, ils nous auraient rendus furieux, on aurait crié : «Dehors les Américains !» Mais là, on levait les yeux, et on souriait. On aurait dit que les pilotes faisaient exprès de passer et repasser, sachant que cela nous rassurait, comme si chacun de leurs passages répandait sur la ville, sur les ruines de Rademaker, un espoir. En fait, nous l'avons appris plus tard, s'ils repassaient ainsi au-dessus de nous, c'était seulement pour se remplir les yeux de ce spectacle inimaginable, l'extraordinaire chaos de ruines et d'inondations, c'était pour le plaisir, appelons ça le plaisir, de survoler l'enfer.

Parmi les rescapés, personne ne s'est mis à sauter en l'air, à crier en levant les bras vers les avions, notre soulagement se manifestait par des soupirs. On respirait, on levait la tête, on se désengourdissait les membres, on osait à nouveau se regarder et même sourire. On a suivi le ballet de ces gros zincs, les atterrissages, les décollages, les belles courbes au-dessus de l'horizon, et toute la foule s'est mise en branle en direction de l'aéroport.

La voiture de mon oncle ne servait plus à rien vu qu'il n'y avait plus de route, juste des trous et de l'eau. Il a fallu confectionner un vrai brancard pour Justo, on a démonté la banquette arrière de la voiture, et quand les gens nous ont vus faire ça, ils sont venus se servir en pièces détachées, une portière par-ci, un rétroviseur par-là, mon oncle les a laissés faire, il était un peu ahuri, il ne comprenait pas à quoi ça leur servait, ces pare-chocs, ces phares, ces morceaux de carrosserie qu'ils emportaient comme font les hyènes avec les morceaux de cadavre. C'était le début du pillage, le premier geste de cette absurdité qu'on appelle le pillage et contre lequel on ne peut rien, seuls les fusils ou les mitraillettes peuvent l'arrêter, et encore, il y en avait que cela n'arrêtait pas, il y en a eu qui ont préféré se faire descendre par la police plutôt que de lâcher la robe, le jean, ou la chaîne hi-fi qu'ils venaient de piquer dans la vitrine.

Ainsi, notre voiture a disparu en quelques minutes, morceau par morceau. On n'avait donc plus de maison, plus de voiture, on marchait vers l'aéroport dans l'espoir de trouver à manger et des secours pour Justo. C'est ma tante et mon oncle qui portaient le brancard, Nanou et moi on marchait derrière.

Ce n'était pas facile d'avancer, il fallait parfois construire de vrais ponts au-dessus des trous et des torrents de boue, c'était l'exode, l'armée en déroute, on avait tous quelqu'un à porter, à soutenir. Les plus rapides étaient les boiteux qui pouvaient avancer seul avec leur canne ou leur béquille. Puis la nuit est tombée, il a fallu allumer des flambeaux pour se repérer. C'était beau. Je ne sais pas si c'était vraiment beau mais ça ressemblait à une peinture, à un film de Napoléon. Certains se sont mis à chanter, moi aussi j'ai chanté. Je crois que si quelqu'un avait pu filmer ça, il aurait rapporté des images jamais vues. En fait, tout le monde commençait à avoir cette idée que notre cortège dans la nuit, dans la boue, avec tous ces blessés, ça rappelait un film, tout le monde sentait que c'était assez beau à voir et je crois que ça nous donnait, peut-être pas vraiment de la force, mais un peu d'entrain, le minimum pour continuer d'avancer.

C'est en marchant ainsi que j'ai pensé à ma mère.

Est-ce qu'elle était morte, est-ce que je la reverrais ?

Quelques jours plus tôt, un soir où j'avais un peu le cafard, j'étais monté sur son lit, je voulais qu'elle me raconte quelque chose comme quand j'étais petit. On a rigolé avec une histoire de princesse, et au bout d'un moment j'ai senti qu'elle avait besoin de rester avec moi. Je ne suis pas redescendu de son lit, on a parlé de choses et d'autres et c'est alors qu'elle m'a parlé de sa vie, de la mienne, et de toutes ces choses cachées depuis ma naissance.

Elle avait toujours pensé qu'un jour il faudrait me dire la vérité, simplement elle avait attendu le moment propice, c'était ce soir-là.

Est-ce qu'elle avait eu un pressentiment, est-ce qu'un signal était monté de la terre pour la prévenir du séisme, je ne sais pas, mais ce qui est sûr c'est que si elle ne l'avait pas fait ce soir-là, je ne serais pas en train de t'écrire, j'aurais continué de vivre dans le même mystère opaque, indicible, et je n'aurais jamais eu l'envie, la force, je ne sais pas, simplement l'idée de te raconter ma vie dans cette lettre qui, en vérité, est une lettre d'amour.

Avant de rencontrer mon père, ma mère était chanteuse dans le grand cabaret de Rademaker, le Poséidon. Elle chantait des tangos, dansait, on venait la voir d'un peu partout, elle avait sa photo dans les revues américaines, même les gens d'Hollywood s'intéressaient à elle, et puis un jour le colonel Salondas est entré au Poséidon, il s'est assis au premier rang avec sa bière en bouteille, il a écouté doña Cecilia, ma mère, et en quelques minutes il est tombé amoureux d'elle.

« À cette époque, m'a expliqué ma mère, le colonel n'était pas du tout ce personnage terrible que tu as connu plus tard, il était beau, mince, il portait l'uniforme avec une élégance supérieure à tout ».

À la fin de la chanson il s'est levé pour applaudir, les yeux fixés sur le visage et le sourire de cette artiste de cabaret qu'il voyait pour la première fois de sa vie. Il est allé la retrouver dans sa loge et il lui a dit qu'elle était la plus belle ferme des îles Rademaker, ce qui a fait rigoler ma mère, mais ensuite il a dit qu'elle serait la première femme des îles Rademaker et sur un ton tellement sérieux qu'elle en a frissonné.

Le lendemain il est revenu au cabaret pour l'inviter en promenade. Elle a refusé. Mais il est revenu deux jours plus tard, lui a offert des fleurs, elle les a acceptées, puis les jours suivants il l'a emmenée dîner dans des restaurants magnifiques dont ma mère n'imaginait même pas qu'ils puissent exister. Après, il la raccompagnait poliment chez elle. Ma mère le trouvait de plus en plus charmant, drôle, elle n'écoutait pas ses amies qui la mettaient en garde, ni le directeur du cabaret qui menaçait de la licencier si elle partait avec un homme de ce genre. Quand on lui disait que le colonel Salondas était promis aux plus hautes fonctions de l'État, elle n'écoutait pas, et quand le colonel lui-même essayait de lui en parler elle le priait de se taire, de ne pas parler de ces choses-là.

– Je ne veux pas, disait-elle.

Et cela enchantait le colonel, évidemment.

– Ce que je veux, lui avait-elle dit un soir, c'est devenir votre maîtresse.

Ma mère avait connu beaucoup d'hommes avant de rencontrer le colonel Salondas, je l'ai appris ce soir-là, sur le lit de ma mère. Elle me parlait en fixant mon visage comme si elle y voyait défiler tous les visages de ces hommes. Des artistes, des écrivains, des militaires de bien plus haut grade que le colonel, elle avait même été la maîtresse de Rodrigo Marsetto, notre grand torero qui est mort dans l'arène. Elle aurait eu quantité d'histoires à me raconter sur chacun d'eux, et moi je l'aurais écoutée la bouche ouverte jusqu'au matin, mais c'était surtout mon père dont elle voulait me parler.

En entrant pour la première fois au Poséidon, le colonel Salondas portait une alliance, il l'avait retirée pour rendre visite à doña Cecilia, mais il n'en était pas moins marié depuis quinze ans à l'une des femmes les plus riches de Rademaker. Il avait eu deux enfants avec elle, mais il ne l'avait jamais aimée, ma mère l'affirmait, d'après elle le mariage avait été arrangé par les familles et les deux enfants étaient nés de force.

Après ce mariage, le colonel Salondas était devenu quelqu'un de très influent dans le pays, la colonelle invi-

tait les ministres dans la luxueuse maison de Gorrista, et puis les officiers à qui elle offrait ceci et cela, et ainsi, petit à petit, elle avait réussi à tous les compromettre dans des affaires louches rapportant beaucoup d'argent.

Ma mère essayait de m'expliquer comment la dueña Gorrista combinait les choses, mais je crois que ma mère n'y comprenait rien en politique et ses explications étaient très confuses. Ce qui est sûr, c'est que le colonel Salondas était devenu très puissant et que la dueña commençait à s'impatienter. Elle avait toujours rêvé à ce pouvoir absolu : être la première dame des îles Rademaker, à égalité avec les premières dames des autres pays d'Europe ou d'Amérique. Elle avait déjà les robes les plus belles et les plus chères du monde, qu'elle allait acheter à Paris, mais ce dont elle avait besoin maintenant c'était de se pavaner dans les salons et dans les jardins du palais présidentiel à égalité avec les reines.

– Qu'est-ce que tu attends ? disait-elle au colonel, prends-le donc, ce pouvoir, tout le monde est avec toi.

Mais le colonel disait :

– Non, attendons que notre vieux président meure ou démissionne, à ce moment-là nous verrons bien.

Il faisait semblant de douter de l'appui des Américains alors que l'ambassadeur des États-Unis venait dîner deux fois par semaine à la maison et qu'il avait demandé au colonel d'être le parrain de son dernier enfant.

Il ne voulait pas prendre le pouvoir de force, il disait redouter la réaction du peuple très attaché à son vieux président de quatre-vingt-dix ans, il parlait de révolte, de soulèvement, il avait toujours une bonne raison de ne pas agir, et cela désespérait son entourage. Ses propres fils venaient le voir, poussés par leur mère, et ils lui racontaient comment au collège et dans toutes les écoles de Rademaker sa popularité était grande, grâce aux hôpitaux qu'il avait fait bâtir avec l'argent de la famille Gorrista, et grâce aux terrains de sport qui portaient déjà son nom.

– La jeunesse te rend grâce, disaient-ils à leur père, elle attend ton appel.

Mais le colonel ne bougeait pas, il était de moins en moins sûr de vouloir diriger le pays, surtout avec sa femme qui, en réalité, aurait tout dirigé à sa place, elle aurait désigné elle-même les ministres, puis elle aurait fait changer les lois afin que sa famille s'enrichisse encore davantage sur le dos du peuple. C'était son plan, il le savait bien, et dans ces conditions, il n'était pas pressé de jouer les marionnettes, il préférait sortir le soir avec ses amis officiers, boire de la bière en bouteille et séduire les jolies filles des rues. Et c'est au cours d'une de ces sorties nocturnes qu'il avait rencontré doña Cecilia.

Il était donc retourné au cabaret le lendemain pour lui offrir des fleurs, et tous les soirs suivants il avait fait rem-

plir sa loge de lis, de résédas et de sacuanjoches roses et blancs. Il allait la rejoindre après le spectacle, l'emmenait au restaurant, la raccompagnait sagement, et puis le soir où elle lui avait dit qu'elle voulait être sa maîtresse il ne l'avait pas raccompagnée, il l'avait enlevée, exactement comme font les brigands, les chevaliers, les dieux grecs. Ils avaient disparu sans prévenir personne.

Le colonel connaissait une île déserte à l'intérieur de l'archipel, l'île de San Emilio de la Rescape, du nom de l'Espagnol qui l'avait découverte. Ils avaient débarqué là et pendant trois jours ils n'avaient fait que s'amuser, s'embrasser, il pêchait le poisson, faisait du feu sur la plage, elle chantait et dansait pour lui tout seul, et à la fin quand ils étaient ivres de bonheur, ils s'endormaient à la belle étoile.

Tout en me racontant ça, ma mère me caressait les cheveux, c'était un délice, elle disait qu'il n'y a pas de femme qui ne rêve d'être enlevée ainsi. Toutes les histoires antiques, disait-elle, les légendes grecques comme les contes orientaux, tous contiennent un chapitre où il est question d'enlèvement.

Elle m'a demandé si j'avais déjà été amoureux. Bien sûr j'ai pensé à toi, mais je n'ai rien osé dire. C'est peut-être une maladie chez nous de toujours vouloir garder des secrets. Je me suis réfugié dans ses bras, timidement, et j'ai attendu la suite. C'était moins drôle.

Quand le colonel était rentré chez lui après ces trois jours d'escapade, la famille Gorrista était sur le pied de guerre, ils l'avaient cherché partout, avaient ordonné des enquêtes minutieuses, et finalement ils avaient fait le rapprochement entre sa disparition et celle de la danseuse du Poséidon, ils avaient compris qu'elle était devenue sa maîtresse.

La colonelle lui avait d'abord craché au visage, puis elle l'avait menacé d'un énorme scandale, elle avait parlé de divorce, de dégradation militaire, et ensuite d'exil. Ses propres fils ne voulaient plus lui parler. Il n'y avait plus qu'une solution pour le colonel : céder au chantage, faire exactement tout ce que la famille exigeait de lui depuis des années – renverser l'état-major, mobiliser les corps de parachutistes et prendre la place de notre vieux président Offredo.

Ce fut réglé en une journée. Tandis que le vieil homme était placé en résidence surveillée, le colonel Salondas prenait la parole à la télévision pour promettre toutes sortes de choses au peuple :

– Nous allons faire de notre pays un État moderne, il n'y aura plus de misère, nos enfants auront accès à toutes les connaissances, les paysans auront des machines neuves, il y aura des élections où tout le monde pourra voter, il y aura la paix, l'égalité et la fraternité. Vivent les îles Rademaker !

C'étaient des plans abracadabrants auxquels il ne com-

prenait rien car c'était sa femme qui avait préparé tous les discours. Elle avait déjà choisi les ministres et les sous-ministres : la moitié d'entre eux s'appelaient Gorrista, des cousins, des frères, l'autre moitié était composée de militaires entièrement contrôlés par la famille.

Le colonel avait tout accepté parce qu'il s'en moquait, il ne désirait qu'une chose : être tranquille, retourner au plus vite auprès de celle qu'il adorait.

Seulement voilà, en plus d'être méchante et arriviste, la colonelle était jalouse, ça ne lui suffisait pas de diriger le pays à sa guise, elle voulait une vengeance complète contre son mari qui l'avait trompée avec une danseuse beaucoup plus belle qu'elle.

Son plan de vengeance fut terrible : une heure après que le colonel avait pris le pouvoir, deux soldats étaient entrés dans son bureau pendant qu'il était en train de signer des décrets à tour de bras, ils s'étaient approchés tranquillement et ils l'avaient poignardé dans le dos, le laissant pour mort. Pour ne pas être reconnus, ils avaient tué la secrétaire en l'égorgeant comme un poulet. Mais c'est un détail.

Apprenant que le travail avait été fait, la colonelle avait organisé dans la ville et dans tout l'archipel de Rademaker une gigantesque répression, soi-disant pour retrouver les assassins de son mari, mais en vérité pour emprisonner tous les amis du colonel Salondas, et surtout cette danseuse à qui elle voulait arracher les yeux.

Heureusement, son plan ne s'était pas déroulé comme prévu, car le colonel, malgré les coups de poignard qu'il avait reçus, n'était pas mort. Il avait repris connaissance au milieu d'une mare de sang, avait compris que c'était sa femme l'instigatrice de cet assassinat, et la colère s'était emparée de lui, décuplant ses forces. Il s'était levé, avait traversé son bureau, descendu les marches du palais présidentiel et était arrivé jusqu'au studio de télévision où la dueña était justement en train d'annoncer au peuple la mort du colonel. Elle faisait semblant de pleurer, réclamant vengeance. Le colonel Salondas était alors passé devant les caméras, il était apparu sur les écrans, titubant, couvert de sang, et devant le peuple tout entier il avait sorti son arme et avait abattu sa femme de plusieurs balles dans le cœur, avant de s'effondrer à son tour.

Quelques semaines plus tard, après être sorti de l'hôpital, le colonel était retourné au cabaret du Poséidon. Il s'était assis au premier rang, il avait assisté au spectacle comme à son habitude, et il était venu féliciter doña Cecilia dans sa loge.

– Je viens vous offrir ce que je vous avais promis le premier jour, avait-il dit.

Mais il se doutait bien qu'elle n'allait pas en vouloir.

Quelque chose était brisé dans leur amour.

Ma mère avait vu cette scène horrible, quelques semaines plus tôt, elle avait cette image du colonel marchant vers sa femme, le corps ensanglanté, sortant son revolver, comme tous les gens des îles Rademaker, dès qu'elle pensait à Salondas, elle revoyait son visage fou, haineux, même si c'était un acte presque légitime, et même si elle l'aimait encore, car elle l'aimait encore, elle me le disait en prenant mon visage dans ses mains, mais elle ne pouvait plus le toucher, elle avait beau se raisonner, se dire que le colonel avait agi de la seule façon possible, elle ne trouvait pas la force d'aller à nouveau vers lui, de le prendre dans ses bras, et de chasser de son esprit la scène monstrueuse.

Il avait essayé de lui parler de croisière, de plage où ils se retrouveraient seuls tous les deux, comme avant, mais plus il parlait plus elle baissait la tête, et plus il s'approchait d'elle plus elle reculait, effrayée, elle fermait les yeux pour implorer son silence.

Le colonel avait fini par quitter la loge, dépité, amer, fou de tristesse, il avait claqué la porte, cette porte qu'il ouvrait jadis avec tant de prudence, de délicatesse. Doña Cecilia s'était retrouvée seule dans sa loge et c'est à ce moment-là qu'elle était tombée dans les pommes. Elle s'était évanouie à cause de moi, parce que j'étais déjà dans son ventre.

Quand ma mère m'a dit ça, j'ai tout de suite fait des calculs et j'en ai déduit que j'avais été conçu là-bas, sur l'île déserte, pendant ces jours où elle dansait, où il pêchait au harpon, cette période merveilleuse où ils n'avaient pas arrêté de s'embrasser.

J'ignore si c'est une chose qui te préoccupe beaucoup de savoir à quel moment et dans quelles circonstances tu as été conçue par tes parents, moi-même, avant que ma mère m'en parle, je ne m'en souciais pas du tout, mais depuis que je le sais je considère cela comme une chose très importante. Je ne peux pas m'empêcher d'être heureux, et fier, comme si à présent cette île déserte de San Emilio était à moi, comme si j'en étais le prince, je ne peux pas me défaire de cette idée, je marche dans les allées du camp, au milieu de la misère des réfugiés, et l'idée est plus forte que toute la tristesse, je pense à toi, c'est un royaume où je t'emmènerai un jour, notre île où l'on ne fera que s'embrasser.

Après avoir fait mettre ses fils en prison ainsi qu'une bonne partie de la famille Gorrista, le colonel Salondas, mon père, s'est retrouvé seul dans le grand palais présidentiel de Rademaker. Il a fallu qu'il s'occupe du pays, qu'il nomme de nouveaux ministres, de nouveaux généraux, mais il se méfiait de tout le monde à présent, il avait peur, il était triste à cause de ma mère, et il s'est mis à manger énormément de chocolat, à boire de l'alcool de canne, puis il a fait interdire les journaux qui disaient du mal de lui, il a mis en prison les dirigeants des partis d'opposition qui réclamaient des élections libres, soi-disant libres parce que en réalité ces partis-là étaient dirigés par les amis de la famille Gorrista ou par les Gorrista eux-mêmes, ils essayaient de provoquer des manifestations dans la rue contre la pauvreté, comme si c'était la faute de mon père si les gens n'avaient pas de travail. Ils payaient des voyous pour lancer des pierres sur les maisons des ambassadeurs et des ministres, et il a donc fallu organiser encore des répressions et poster des soldats à tous les coins de rue.

Chaque jour on condamnait des types qui avaient fait des sabotages, qui essayaient de lever les paysans et les ouvriers contre mon père. Il y en avait qui s'échappaient alors dans la montagne avec des armes volées et qui formaient des bandes de guérilleros insaisissables.

Mon père ne savait plus comment faire, il piquait des colères, il menaçait. Pour empêcher que les idées de ses ennemis se répandent dans le pays, il a ordonné que tous les enfants soient éduqués dans l'esprit Salondas, c'est-à-dire pour qu'ils pensent du bien de lui, pour qu'ils l'aiment. Il visitait les écoles, se montrant gentil avec tous les enfants, leur offrant des cadeaux, des caresses sur la joue, mais en même temps il se laissait pousser la moustache de plus en plus grosse, exprès pour leur faire peur et qu'ils ne s'avisent pas plus tard de rejoindre le camp des Gorrista.

Quand je suis né il pesait soixante-dix kilos. Cinq ans plus tard, quatre-vingt-dix. À cause de ses moustaches et du revolver qu'il portait toujours à la ceinture, j'avais un peu peur de lui. Il faut dire que pour un petit garçon comme moi à l'époque c'était impressionnant d'aller le voir : il fallait se cacher, passer par les caves, des souterrains secrets à la sortie desquels une grosse voiture noire m'attendait, je me retrouvais seul derrière les vitres fumées avec un type à casquette devant moi qui ne tournait jamais la tête car il lui était interdit de me voir, sous peine de mort.

On roulait quelques minutes dans la campagne et on arrivait au palais. Je ne voyais personne, je jouais avec lui toute la soirée, je m'endormais devant le train électrique, alors il me portait dans ses bras jusqu'à ma chambre et le lendemain il avait disparu, la même voiture noire me raccompagnait à l'école.

Il y avait de plus en plus de gens contre mon père, pas seulement ceux de la famille Gorrista, mais aussi des pauvres, des étudiants. Mon père mettait systématiquement les étudiants en prison, il avait fini par les détester. Malheureusement, en prison ils rencontraient toute la famille

Gorrista qui leur promettait de l'argent, des armes, de belles situations, et quand ils ressortaient de prison au bout de six ou huit mois ils n'avaient qu'une idée, c'était de répandre les idées Gorrista partout dans le pays. Mon père devait donc se montrer chaque fois plus sévère, les garder plus longtemps en prison, et c'est comme ça qu'il est devenu dictateur, un des plus terribles de toute l'Amérique du Sud, paraît-il.

Pourtant avec moi, et avec toi aussi, tu t'en souviens, il était très gentil, très doux. Et avec ma mère aussi, mais il était malheureux à cause de cet amour qu'ils n'arrivaient plus à revivre comme avant, qui avait été brisé par ce meurtre. Et tant que ma mère refusait de se marier avec lui, il ne pouvait pas me reconnaître comme son fils, à cause des gens du peuple qui auraient pris ça comme une insulte à l'Église et un défi à la morale. Je restais donc un enfant illégitime, un secret d'État, je n'avais le droit d'en parler à personne et c'est pour ça que je n'avais aucun ami : j'avais trop peur de me trahir.

Une ou deux fois par mois, mon père et ma mère se retrouvaient en cachette sur la petite île déserte, ils ne revenaient que le lendemain soir. Ces jours-là, j'allais chez mon oncle, je retrouvais mon cousin, et aussi ma tante Marta, et personne ne savait rien, enfin c'est ce qu'il me semblait, ce qu'ils me faisaient croire, car maintenant j'ai *un peu des doutes, la légende c'était que mon père était un bandit qui ne pouvait pas se montrer et que ma mère allait voir dans la montagne, c'est ce que ma mère leur avait raconté, mais peut-être qu'elle leur avait dit la vérité, je ne sais pas, personne ne m'en parle ici, je continue de vivre au milieu d'eux en gardant mon secret bien serré, avec toujours la même peur de me trahir, alors qu'en réalité il se peut qu'ils soient tous au courant.*

Pendant toutes ces années, je me suis empêché de parler, et souvent je ne dormais même pas à cause des rêves ou des cauchemars que j'aurais pu faire et qui m'auraient trahi.

Ce qui était le plus dur c'était de les entendre discuter politique, ma tante surtout, qui était une anti-Salondas convaincue, elle lui mettait tout sur le dos. Elle attendait le jour où elle pourrait lui arracher les couilles à ce salaud, c'est ce qu'elle disait. Elle parlait des grands dictateurs de l'histoire qui s'étaient fait cracher dessus par la foule, elle disait qu'il y en avait eu un en Italie qu'on avait pendu par les pieds sur la place publique, lui et sa maîtresse, et toute la population était venue leur cracher dessus, lui donner des coups de pied. Ma tante espérait bien que Salondas, mon père, finirait comme ça. Et moi j'avais envie de crier : « À mort, Salondas ! » Le soir, dans la chambre avec Justo, on s'amusait à tuer Salondas, on le poignardait. Car moi aussi je trouvais ça injuste que ma famille, ma tante qui travaillait à la raffinerie, mon oncle sur les voies de chemin de fer, ma grand-mère qui n'avait jamais eu un jour de repos, je trouvais ça injuste qu'ils vivent dans cette petite maison, au milieu du quartier pauvre, pendant que mon père restait dans ce grand palais avec ces pièces vides, ces chambres immenses, ces jardins. Je me mettais à détester mon père, et pourtant quand j'arrivais au palais, quand je sortais de la limousine noire et qu'il venait m'accueillir, je sautais dans ses bras parce que je l'aimais quand même et je frissonnais en pensant qu'on allait le pendre par les pieds au milieu de la rue.

Il ne savait pas comment me faire plaisir, tu l'as vu, tu t'en es rendu compte le soir où tu es venue : il a joué avec nous au train électrique, il t'a prise sur ses genoux, il a fait retirer les piranhas de la piscine pour qu'on puisse faire des plongeons, juste pour le plaisir de nous voir sauter et nager comme des enfants bienheureux. Souvent, après ton départ des îles Rademaker, il m'a parlé de toi, il m'a dit de ne pas t'oublier, il voulait que je t'écrive, il disait que ce n'est pas tous les jours qu'on rencontre une femme belle et intelligente, au contraire, c'est très rare.

– La plupart du temps, disait-il, les femmes causent le malheur des hommes.

Je ne savais pas encore à quoi il pensait en disant cela, mais maintenant, après le récit de ma mère, cette horrible histoire d'assassinat en direct à la télévision, je comprends sa méfiance.

J'ai demandé à ma mère pourquoi elle n'allait pas rejoindre mon père au palais et vivre simplement avec lui puisqu'elle l'aimait encore, et lui aussi.

Je pensais que s'ils se voyaient en cachette c'était pour s'embrasser. Mais non. Ils n'allaient pas sur la petite île de San Emilio pour s'embrasser et dormir ensemble. Ils faisaient du feu, certes, et se couchaient sur le sable, mais l'amour n'était plus là.

– Nous avons essayé, m'a expliqué ma mère, mais les souvenirs étaient plus forts.

Plus ils retournaient sur cette île, moins elle l'aimait, et plus il était malheureux, plus il grossissait, jusqu'à ressembler à cette image hideuse que les gens avaient de lui : ce gros dictateur moustachu et sanguinaire.

Elle aussi, maintenant, elle le voyait comme ça, et elle avait peur de lui, comme tous les gens de Rademaker. Si elle acceptait d'aller avec lui sur cette île, c'est parce qu'elle avait peur qu'il l'entraîne de force, et quand il lui a demandé de s'arrêter de chanter dans le cabaret elle lui a obéi, quand il lui a offert cet appartement dans le quartier riche, à l'abri des gens un peu louches, elle n'a pas pu lui dire non, pas pu lui dire qu'elle préférait rester là, dans ce quartier vivant des cabarets et des cinémas, avec ses amies, la mama Concha qui faisait le «vigorón» au coin de la rue, et Pablo le petit Indien qui faisait des jus de fruits, et tous les traîne-misère, les boiteux, les anciens des arènes, les joueurs de bonneteau clandestin, tous ceux qui aimaient ma mère comme une fée parce qu'elle était belle et gentille, et certains soirs, sur la place des Tilleuls, elle dansait pour eux et leur chantait leurs airs préférés. Elle a accepté d'abandonner tout ça.

Et c'est ainsi que je me suis retrouvé dans cette école en compagnie de tous les enfants les plus riches de Rademaker, celle que tu connais. J'y allais à pied, mais entouré de gardes pour me protéger du clan Gorrista qui avait menacé de m'enlever.

J'étais malheureux dans cette école, je m'ennuyais, mais en même temps je la bénis parce que c'est là que je t'ai rencontrée. Ce que je n'ai jamais eu le temps de te dire à l'époque où tu vivais encore aux îles Rademaker, c'est que la première fois que je t'ai vue, le jour où tu es entrée dans cette école, si je me suis caché derrière mon bouquin ce n'était pas comme tu l'as cru par indifférence ou par mépris, au contraire, j'ai su tout de suite que j'allais t'admirer, mais j'ai vu aussi que tu allais me causer des ennuis, tu étais trop belle, tu avais l'air trop maligne, et quand j'ai entendu le mot France, quand la rumeur s'est répandue dans l'école, je me suis dit : «Aïe aïe aïe ! si je tombe amoureux d'elle, je suis fichu. »

Je savais qu'en tombant amoureux de toi, je serais obligé un jour ou l'autre de t'avouer mon secret, de te dire qui j'étais réellement. Et je savais que ça te plairait encore plus, et forcément, dans l'enthousiasme, tu ne pourrais pas résister au plaisir de le dire à quelqu'un, peut-être à ton père, ou je ne sais pas, mais certainement que ça finirait par se savoir, et alors c'était la fin de tout. J'imaginais déjà les titres des journaux clandestins imprimés par les Gorrista : « Le fils caché du dictateur Salondas », et la photo de ma mère en tenue de spectacle, la liste des hommes qu'elle avait connus, tout. C'était pour eux l'occasion rêvée de déclencher une révolution contre mon père. Voilà pourquoi je me suis méfié de toi, pourquoi je t'ai évitée à tout prix. Mais finalement tu as été la plus forte, je t'ai vraiment admirée pour la façon dont tu t'y es prise, ce courage qu'il fallait pour te cacher dans la limousine noire, au péril de ta vie. Quand je t'ai vue sortir de là, en arrivant au palais, quand j'ai vu que les gardes allaient te faire du mal, je n'ai pas pu retenir mon amour, c'était trop fort, et je crois que s'ils avaient touché seulement un cheveu de toi, je les aurais bousillés, je ne sais pas comment mais ç'aurait été terrible.

Aujourd'hui, même si notre amour n'a pas duré très longtemps, même si je me fais des illusions et que tu ne me réponds jamais, je ne regrette pas d'avoir fait ça. Souvent le soir, quand il n'y a plus d'avions, je retourne à l'endroit où on s'est embrassés pour la dernière fois, puis séparés. La piste ressemble à un ruban qui monte vers le ciel, je reste là à me demander si tu reviendras un jour, ou si je pourrai m'envoler vers toi, et c'est comme si notre baiser était encore là, imprimé sur le sol, dans l'air, j'ai l'impression qu'il est encore vivant, encore possible.

Quand j'aurai fini de te raconter le tremblement de terre, tu comprendras qu'il n'y a plus grand-chose qui m'attache aux îles Rademaker. À part Justo, mon cousin. Je l'aime. Je crois que je l'aime encore plus depuis que je l'ai sauvé. Je me demande s'il en est toujours ainsi avec les gens qu'on sauve, qu'on soigne, on est comme une maman. C'est agréable d'un certain côté mais ça me fait peur, car j'ai sauvé Justo une première fois en allant le chercher à l'intérieur de la maison, une seconde fois en trouvant le petit docteur, et puis en le portant sur son brancard jusqu'à l'aéroport, et encore maintenant je m'occupe de lui, je ne peux plus le laisser, et je me demande quand il pourra enfin vivre sans moi. Peut-être jamais. Il sera toujours traumatisé par cet accident, par la peur de mourir qu'il a eue au moment du tremblement de terre, quand il s'est retrouvé sous la maison. Et tous les gens de Rademaker c'est pareil, je me demande s'ils ne resteront pas à jamais traumatisés par ce qui s'est passé.

Et puis il n'y a pas que le tremblement de terre en lui-même, il y a toute la suite, d'abord les inondations, l'exode, et puis la situation horrible les jours suivants, et encore maintenant où personne ne sait ce qu'on va devenir.

Après avoir marché une partie de la nuit nous sommes arrivés à l'aéroport de Rademaker. Nous n'étions pas les premiers, loin de là, c'était la cohue, l'anarchie totale. Les militaires essayaient de contenir la foule affamée, mais eux-mêmes avaient faim, ils ouvraient les caisses qui sortaient des camions et se jetaient dessus, emportant le maximum pour eux et leur famille, les bagarres ont éclaté entre les militaires qui voulaient d'abord remplir leurs sacs, et ceux qui voulaient vraiment aider les gens. Les chefs ne savaient pas quoi faire, ils attendaient les ordres mais les ordres ne venaient jamais. Le bruit s'est répandu que le colonel Salondas avait disparu, personne ne l'avait vu lors de l'évacuation du palais, certains disaient qu'il était resté sous les ruines, d'autres qu'il s'était enfui en Amérique, personne n'en savait rien, sauf moi, mais je ne disais rien, je n'avais pas le droit, et de toute manière personne ne m'aurait cru.

Le soir, étant toujours sans nouvelles du dictateur, ils ont commencé à libérer les membres de la famille Gorrista. La prison était le seul bâtiment qui avait résisté au séisme, mon père l'avait fait construire dans le béton armé le plus solide, infranchissable, elle était cernée d'une fosse très profonde qui avait fait comme un amortisseur. Ainsi, tout ce que le pays comptait de pire racaille ennemie de mon père a été sauvé.

À peine libérés, et en quelques heures, les hommes du clan Gorrista ont repris toutes les commandes, et aujourd'hui, à la radio, ils répètent aux gens que le tremblement de terre est une vengeance de Dieu contre Salondas.

Ils ont emprisonné tous les anciens ministres de mon père, tous les militaires qui lui obéissaient, un jour c'est peut-être moi qu'il vont emprisonner, mais je m'en fiche complètement. Le peuple aussi est indifférent à toute cette répression, les gens ont autre chose à penser, à faire, il faut qu'ils reconstruisent leurs maisons, qu'ils trouvent de quoi manger, car toutes les terres ont été inondées, les récoltes anéanties, le bétail, les usines, il faut tout refaire.

En quelques jours une sorte de ville s'est reformée autour des pistes de l'aéroport où les avions continuent toujours d'arriver avec des vivres, du matériel de construction, et des médicaments.

Il faut que je te remercie, toi et ton pays, et tous les médecins français qui sont arrivés le jour même avec des avions bourrés de médicaments. Ils se sont tout de suite occupés de Justo quand ils ont vu ses jambes déjà gonflées, violettes, vraiment moches. Avec leur matériel de chirurgie ils lui ont remis tous les os en place et ils l'ont plâtré jusqu'au ventre. C'est moi qui lui ai construit ses béquilles mais il n'a pas pu s'en servir tout de suite, et encore maintenant il s'énerve parce qu'il est obligé de rester au lit la plupart du temps alors qu'il voudrait aller jouer avec les autres. Je reste avec lui le plus possible. La nuit, quand il fait des cauchemars, je le réveille pour qu'il arrête de pousser ces cris horribles.

On a recommencé l'école, mais seulement deux heures par jour, on fait ça sous une grande tente et ce n'est jamais le même professeur. On ne va pas apprendre grand-chose, c'est certain.

Comme je te l'ai dit, j'ai décidé d'être médecin. Je ne ferai jamais de politique, c'est le truc le plus idiot que je connaisse. Ce qui m'a donné très envie de devenir médecin, c'est ce que j'ai vu hier en montant dans l'avion chirurgical. C'est encore un avion français, il est équipé exprès pour les catastrophes et les guerres, on peut opérer tout ce qu'on veut à l'intérieur, c'est archipropre. J'ai trouvé ça magnifique, ça m'a vraiment plu, je crois que la France est le plus beau pays du monde, le plus généreux. Il y avait des infirmières, grandes et gentilles, je leur ai demandé si elles connaissaient ta famille, elles ont seulement dit que le nom leur disait quelque chose. Quand je leur ai raconté que je voulais être médecin, elles ne se sont pas moquées de moi, elles ont plutôt eu la larme à l'œil.

Je te jure que cet avion chirurgical donne envie d'être opéré, il doit repartir demain, je vais confier cette lettre à Josiane, une infirmière qui habite Paris et qui m'a promis de te l'envoyer en arrivant.

Je ne suis pas du tout fatigué de t'écrire, mais il faut que je termine avant le départ de l'avion.

Alors voilà : je pense que ma mère est morte, et mon père aussi. Ça fait maintenant quinze jours qu'ils sont portés disparus et on n'a toujours pas retrouvé le moindre indice.

Quand j'ai appris l'autre jour à la radio que plusieurs îles de l'archipel avaient été englouties au moment du tremblement de terre, j'ai compris qu'il n'y avait plus beaucoup d'espoir. Personne ne s'est beaucoup soucié de ces îles vu qu'elles étaient inhabitées et ne rapportaient rien. Mes parents ont certainement disparu avec elles, même si des fois je me dis qu'ils en ont peut-être profité pour s'enfuir loin des îles Rademaker et qu'ils reparaîtront un jour, quand ils auront été complètement oubliés de tous.

Je ne pourrai jamais vraiment savoir. Il serait peut-être mieux qu'on me dise : « C'est sûr, ils sont morts », et que je voie leurs cadavres. Mais le bon Dieu ne le veut pas, il veut me laisser croire encore. Et sait-on jamais…

Avant-hier je suis retourné une dernière fois devant les ruines de notre immeuble qu'ils ont fouillé sans succès, je suis passé aussi à l'endroit où était le Poséidon, tout est en ruine là aussi. Maintenant je crois que je n'y retournerai plus jamais, c'est fini.

Nanou veut sans arrêt me consoler, elle me dit qu'il y a eu de vrais miracles, des cas où on a retrouvé les gens après deux mois, elle me prend dans ses bras en me disant qu'il faut croire encore, mais j'ai plutôt l'impression que c'est elle qui n'y croit plus.

Grâce à cette vie dans le camp je me suis fait pas mal de copains, on joue au foot, et puis on fait un peu de commerce : les Américains nous donnent des paquets de cigarettes, des chewing-gums, qu'on revend un peu plus loin.

Sinon, le reste de la journée, quand il n'y a plus rien à faire, on s'assied par terre et on allume des feux.

Il y a des musiciens et des types qui se mettent à chanter, comme c'est souvent les chansons que chantait ma mère au Poséidon ça me fait pleurer. Mais rassure-toi, c'est normal ici de pleurer, tout le monde le fait, même les hommes. On en voit parfois qui s'arrêtent au bord du chemin, ils s'asseyent, se prennent la tête dans les mains et ils pleurent. Il y a toujours quelqu'un pour s'arrêter, s'asseoir à côté, il lui parle, ou alors il pleure avec lui, et après avoir bien pleuré ils s'arrêtent, ils s'embrassent une dernière fois et repartent chacun de leur côté. Ici, plus personne ne se cache pour pleurer.

Je ne crois pas qu'un jour les choses redeviendront normales, comme avant. On ne réussira jamais à reconstruire notre ville, il faudra attendre des siècles pour avoir des arbres aussi beaux. Je ne reverrai jamais ma mère, l'école, le cabaret, rien de tout ça. Et toi, Anaïs, est-ce que je te reverrai ?

Souvent, je me dis que tu es la seule qui pourrais peut-être me rappeler l'ancien temps, le temps d'avant la catastrophe. Je n'ose pas trop espérer.

Est-ce que je peux espérer quand même un peu ?

Voilà. Je voudrais que cette lettre ne s'arrête jamais, je voudrais te raconter encore des choses qui se passent ici et qui ne sont pas toutes tristes. Je voudrais te faire comprendre que cette catastrophe n'a pas détruit mon cœur, mon souvenir, ni l'amour que j'ai pour toi, au contraire, c'est encore plus fort car c'est la seule chose qui me reste.

Des fois, je me demande si je pourrai un jour avoir une vie heureuse, et alors je pense à toi. Quand on a perdu sa famille presque entièrement, sa maison, son pays, ses arbres, qu'est-ce qui peut vous arriver de pire, qu'est-ce qui pourrait encore me rendre triste ?

Toi seule. Te perdre toi. N'avoir aucune réponse. Ou alors une mauvaise réponse.

Bon. L'avion va partir, il faut que je termine, je ne sais plus quoi dire, comment te supplier de me répondre. Je ne te demande pas de m'écrire une lettre aussi longue, juste un mot suffit. Tu sais lequel,

Emilio.

J'ai regardé mon père avec les feuilles à la main, ma mère le visage noyé de larmes, et Denise les lèvres serrées, j'ai pensé un instant les supprimer tous les trois du livre, comme des personnages qu'on efface d'un coup de gomme, et ne garder que la lettre d'Emilio, «cette leçon de littérature», ai-je pensé, mais tout à coup je les ai trouvés typiques, là, assis sur mon lit, je me suis dit: «Ils sont comme toutes les familles françaises assises devant la télé, ils viennent de regarder un reportage sensationnel sur un pays où il se passe des choses horribles, ils sont émus, ils ont de la compassion pour les gens des îles Rademaker, pour Emilio, Justo, et de la mélancolie parce qu'ils savent qu'ils ne les rencontreront jamais, qu'ils n'iront jamais là-bas, ils sont vraiment typiques», me suis-je dit, alors je les ai laissés dans mon livre.

– Il faut faire quelque chose, a dit ma mère en s'essuyant les yeux.

– Comment ça ? Quelle chose veux-tu faire ? a demandé mon père, vraiment étonné.

– On ne peut pas laisser ces gosses ainsi, a dit ma mère.

Ma mère qui avait toujours refusé de croire à cette légende des îles Rademaker, qui jusque-là avait nié l'existence de ce pays, maintenant elle voulait agir.

– Qu'est-ce qu'on peut faire ? a demandé mon père en m'adressant un petit regard en coin.

– Je ne sais pas, a-t-elle dit, au moins porter témoignage.

J'ai senti en moi monter une vague d'amour pour ma mère, un frisson de reconnaissance.

– Il faudrait peut-être organiser un voyage, a dit mon père avec cette malice, cette fausse naïveté qui est son plus grand talent. Plutôt que d'essayer de lui répondre une lettre qui ne sera jamais aussi belle que la sienne, Anaïs serait certainement très heureuse d'aller là-bas, a-t-il dit, lentement, comme s'il réfléchissait, et puis... et puis je pense qu'il serait peut-être intéressant, a-t-il ajouté en traînant la voix, intéressant et enrichissant pour Henri, et même passionnant pour lui de partir avec Anaïs et de rapporter de là-bas... je ne sais pas, pourquoi pas un petit livre ? Qu'est-ce que tu en penses ? a-t-il demandé à ma mère.

Ma mère a reniflé ses larmes, elle a hoché la tête, c'était comme si elle avait dit oui, mais ce n'est pas sûr. Peu importe. On ne peut pas toujours suivre ce que ses parents demandent. J'ai ouvert l'armoire pour en tirer mon sac et j'ai commencé à faire mes bagages. « En route pour les îles Rademaker », me suis-je dit.